DIAGNÓSTICO FISCAL NA PRÁTICA

Camargo e Vieira Sociedade de Advogados
Equipe de Consultoria Tributária

Marcílio Vieira

Lucas Motta

Rafael Gomes

DIAGNÓSTICO FISCAL NA PRÁTICA

editora Del Rey

Belo Horizonte

2023

EDITORA DEL REY LTDA.
www.editoradelrey.com.br

Editor: Arnaldo Oliveira

Editor Adjunto: Ricardo A. Malheiros Fiuza
(in memoriam)

Coordenação Editorial: Letícia Neves

Diagramação e revisão: Know-how Editorial

Capa: JP Designer

Editora:
Rua dos Goitacazes, 71 – Lojas 20 a 24
Centro – Belo Horizonte – MG
CEP 30190-050

Comercial:
Tel.: (31) 3284-3284 / 3293-8233
vendas@editoradelrey.com.br

Editorial:
editorial@editoradelrey.com.br

D536 Diagnóstico fiscal na prática / Marcílio Vieira ...
[et al.].-- Belo Horizonte : Del Rey, 2023.
92 p.: il.

Bibliografia: p.77-81
ISBN: 978-65-00-59438-6

1. Direito tributário - Brasil. 2. Impostos - Brasil. 3. Imposto sobre circulação de mercadorias e serviços. 4. Imposto sobre produtos industrializados. 5. Escrituração - Brasil. I. Vieira, Marcílio. II. Título.

CDU: 336.2(81)

Junio Martins Lourenço – Bibliotecário – CRB 6-3167

LISTA DE SIGLAS

ADE	Ato Declaratório Executivo
AgRg	Agravo Regimental
Ancine	Agência Nacional do Cinema
CEI	Cadastro Específico do INSS
CEST	Código Especificador de Substituição Tributária
CFOP	Código Fiscal de Operações e de Prestações
Ciap	Controle dos Créditos do ICMS sobre Ativo Permanente
CLT	Consolidação das Leis do Trabalho
CNAE	Classificação Nacional das Atividades Econômicas
CNPJ	Cadastro Nacional de Pessoas Jurídicas
Cofins	Contribuição para o Financiamento da Seguridade Social
Cofis	Coordenação-Geral de Fiscalização
Cosit	Coordenação-Geral de Tributação
CPF	Cadastro de Pessoas Físicas
CPP	Contribuição Previdenciária Patronal
CPRB	Contribuição Previdenciária sobre a Receita Bruta
CSLL	Contribuição sobre o Lucro Líquido
CTN	Código Tributário Nacional
CST	Código de Situação Tributária

Darf	Documento de Arrecadação de Receitas Federais
DAU	Dívida Ativa da União
DCOMP	Declaração de Compensação
DCTF	Declaração de Débitos e Créditos Tributários Federais
Difal	Diferencial de Alíquota do ICMS
Disit	Divisão de Tributação das Superintendências Regionais da Receita Federal do Brasil
DRE	Demonstração do Resultado do Exercício
e-CAC	Centro de Atendimento Virtual da Receita Federal
ECD	Escrituração Contábil Digital
ECF	Escrituração Contábil Fiscal
EFD	Escrituração Fiscal Digital
e-Lacs	Livro de Apuração da Base de Cálculo da CSLL
e-Lalur	Livro Eletrônico de Apuração do Lucro Real
EPI	Equipamentos de Proteção Individual
FAP	Fator Acidentário de Prevenção
FGTS	Fundo de Garantia do Tempo de Serviço
ICMS	Imposto sobre Circulação de Mercadorias e Prestações de Serviços de Transporte Interestadual e Intermunicipal e de Comunicação
ICMS-ST	ICMS Substituição Tributária
II	Imposto de Importação
IN	Instrução Normativa
INSS	Instituto Nacional do Seguro Social
IPI	Imposto sobre Produtos Industrializados
IR	Imposto de Renda
IRPJ	Imposto sobre a Renda de Pessoa Jurídica
ISS	Imposto sobre serviços
ISSQN	Imposto sobre Serviços de Qualquer Natureza
Lalur	Livro de Apuração do Lucro Real

NCM	Nomenclatura Comum do Mercosul
NF	Nota Fiscal
NF-e	Nota Fiscal Eletrônica
OAB	Ordem dos Advogados do Brasil
PAT	Programa de Alimentação do Trabalhador
P&D	Pesquisa e Desenvolvimento
PD&I	Pesquisa, Desenvolvimento e Inovação
PER	Pedido Eletrônico de Restituição
PGFN	Procuradoria-Geral da Fazenda Nacional
PIS	Programa de Integração Social
Pronac	Programa Nacional de Incentivo à Cultura
RAT	Riscos no Ambiente do Trabalho
RFB	Receita Federal do Brasil
REsp	Recurso Especial
RIPI	Regulamento do IPI (Decreto nº 7.212/2010)
RIR	Regulamento do Imposto de Renda (Decreto nº 9.580/2018)
Sispar	Sistema de Parcelamento de Débitos da PGFN
SPED	Sistema Público de Escrituração Digital
SRRF	Superintendências Regionais da Receita Federal do Brasil
STJ	Superior Tribunal de Justiça
TIPI	Tabela de Incidência do IPI
TRF	Tribunal Regional Federal

SUMÁRIO

1

INTRODUÇÃO

A revisão fiscal consiste na realização de um trabalho pormenorizado nas operações tributárias e fiscais das empresas, a partir de seu segmento de atuação no mercado, conforme a legislação de regência.

O principal objetivo dessa revisão é verificar os processos internos para identificar possíveis irregularidades passíveis de gerar autuações pelo fisco (contingências), bem como apontar caminhos para a eficiência tributária por meio da recuperação de créditos tributários. Durante as atividades, é elaborada uma matriz de riscos considerando as propostas de adequação das contingências ou das oportunidades apontadas no trabalho, dentro dos limites legais.

Este livro consiste, basicamente, em uma análise detalhada das apurações dos tributos das empresas, por intermédio de sua escrituração fiscal e contábil, realizando o cruzamento de informações para encontrar oportunidades e eficiência tributária ou mitigar riscos nas operações.

Tal sistemática é aplicada em observância aos módulos descritos a seguir. Antes, contudo, serão apresentados os principais registros do Sistema Público de Escrituração Digital (SPED), utilizados no livro. São eles:

- **Escrituração Contábil Digital (ECD):** contempla a escrituração mercantil, a apuração do resultado e outras demonstrações contábeis, ou seja, neste módulo são transmitidos os livros contábeis, em que são prestadas as informações de caráter econômico e financeiro da empresa. Dentro da ECD, os principais blocos a serem analisados são o Bloco I e o Bloco J, constituindo os registros principais os que estão enumerados a seguir (*vide Manual de Orientação do Leiaute 9 da ECD* – a partir do ano-calendário 2021 e situações especiais do ano-calendário 2022 –, Anexo ao ADE Cofis nº 104/2021):
    a) Registro I050: informações sobre o Plano de Contas – contas sintéticas.
    b) Registro I051 ou I052: Informações sobre o Plano de Contas Referencial – contas analíticas.
    c) Registro I100: Centro de Custo.
    d) Registro I200: Lançamento Contábil – Livro Diário.
    e) Registro I155: Balanço Patrimonial, DRE – Detalhe dos Saldos Periódicos.
    f) Registro I250: Partidas do Lançamento – Livro Razão e Livro Diário.
    g) Registro J100: Balanço Patrimonial.
    h) Registro J150: DRE.
- **Escrituração Fiscal Digital das Contribuições incidentes sobre a Receita – (EFD_Contribuições):** na elaboração do EFD Contribuições são informadas todas as receitas financeiras, receitas operacionais e não operacionais, além de

custos, despesas, encargos incorridos, aquisições geradoras de créditos, aquelas passíveis do regime não cumulativo e os ajustes, se assim previstos, tais como devoluções e estornos de vendas, entre todas as informações pertencentes à apuração das contribuições do PIS e da Cofins, mensal e unificado por matriz/estabelecimento (*vide* Versão 1.35 do *Guia Prático EFD Contribuições*):

a) Registro 0150: Tabela de Cadastro do Participante. Trata-se dos fornecedores participantes das operações dos contribuintes.
b) Registro 0200: Tabela de Identificação do Item (Produtos e Serviços), concernente às transações fiscais e aos movimentos de estoques em processos produtivos, bem como aos insumos do contribuinte.
c) Registro A100: documento, nota fiscal. Relação das notas fiscais de prestação e contratação de serviço.
d) Registro A170: complemento do documento, itens do documento. Vinculado ao Registro A100.
e) Registro C100: documento, nota fiscal. Relação das notas fiscais de saída e entrada de produtos.
f) Registro C170: complemento do documento. Escrituração detalhada de itens das notas fiscais de mercadorias e serviços.
g) Registro C190: consolidação das notas fiscais eletrônicas. Compras, vendas e devoluções relacionadas à manutenção dos créditos, regime não cumulativo.
h) Registro C491: detalhamento da consolidação dos documentos emitidos por ECF. PIS (se aplicável).
i) Registro C495: detalhamento da consolidação dos documentos emitidos por ECF. Cofins (se aplicável).
j) Registro C500: notas fiscais das contas de energia elétrica (créditos relacionados ao setor produtivo).

k) Registro D100: notas fiscais dos serviços de transporte (créditos a partir da tomada de serviços).
l) Registro D500: notas fiscais dos serviços de telecomunicações (créditos relacionados quando aplicados na prestação de serviços).
m) Registro F100: escrituração de operações que, em razão de sua natureza ou documentação, não sejam passíveis de serem escrituradas em registros próprios dos Blocos A, C, D e F.
n) Registro F120: bens incorporados ao ativo imobilizado. Créditos a partir das depreciações e amortizações.
o) Registro F150: créditos presumidos sobre estoque.
p) Registro M115: créditos dos ajustes de PIS sobre apuração.
q) Registro M210: apuração do PIS.
r) Registro M230: informações sobre o diferimento das contribuições.
s) Registro M515: créditos dos ajustes da Cofins sobre apuração.
t) Registro M610: apuração da Cofins.
u) Registro M630: informações sobre o diferimento das contribuições.
v) Registro P100: Contribuição Previdenciária sobre a Receita Bruta (CPRB), quando aplicável.
w) Registro 1010: informações de processos referenciados de origem judicial.
x) Registro 1100: controle dos créditos fiscais do PIS.
y) Registro 1500: controle dos créditos fiscais da Cofins.
z) Registro 1800: Regime Especial das atividades de Incorporação Imobiliária, quando aplicável.

Sistema Público de Escrituração Digital (SPED) Fiscal: processo de escrituração digital da Receita Federal, chamado também de EFD (Escrituração Fiscal Digital), que determina que os contribuintes enviem as informações sobre ICMS e IPI. Os principais registros para análise são (*vide Guia Prático EFD ICMS IPI - v. 3.0.9*):

a) Registro 0150: apresenta todas as pessoas físicas e jurídicas envolvidas nas transações comerciais da empresa no período de apuração, incluindo código do participante, nome, CNPJ ou CPF, endereço, inscrição estadual, entre outras informações.

b) Registro 0200: abertura, identificação e referências do SPED Fiscal; refere-se às informações de mercadorias, serviços, produtos ou quaisquer outros itens de transações fiscais e aos movimentos de estoques em processos produtivos, bem como aos insumos.

c) Registro C170: escrituração detalhada de itens das notas fiscais de mercadorias e serviços, inclusive em operações de entrada de mercadorias acompanhadas de Nota Fiscal Eletrônica (NF-e) de emissão de terceiros.

d) Registro C190: representação da escrituração dos documentos fiscais totalizados por CST, CFOP e alíquota de ICMS.

e) Registro C500: relação de notas fiscais de energia elétrica. Créditos aplicáveis ao setor produtivo com laudo técnico.

f) Registro D190: relação de notas fiscais de serviços de transporte.

g) Registro E110: apuração do ICMS nas operações próprias.

h) Registro E115: informações adicionais da apuração do imposto.

i) Registro E210: apuração do ICMS Substituição Tributária.

j) Registro E300: apuração do ICMS Diferencial de Alíquotas (Difal).

k) Registro E520: apuração do IPI.

l) Registro D590: relação de notas de serviços de telecomunicação. Escrituração fiscal obrigatória, manutenção dos créditos a partir de 2033.

m) Registro G110: ICMS ativo permanente - CIAP - controle dos créditos do imposto sobre ativo imobilizado.

- **Escrituração Contábil Fiscal (ECF):** tem por objetivo coletar as informações operacionais utilizadas na base de cálculo do valor devido pela Contribuição Social sobre o Lucro Líquido e do Imposto de Renda da Pessoa Jurídica (*vide Manual de Orientação do Leiaute 8 da ECF* - ano-calendário 2021 e situações especiais do ano-calendário 2022 –, Anexo ao ADE Cofis nº 001/2022).
- **Lucro real:**

a) Registro L300: Demonstrativo de Resultado (DRE) do lucro líquido do período fiscal.

b) Registro M300: demonstração do lucro real - lançamentos da Parte A do e-Lalur.

c) Registro M350: demonstração da base de cálculo da CSLL - lançamentos da Parte A do e-Lacs.

d) Registro N620: apuração do IRPJ mensal por estimativa.

e) Registro N630: apuração do IRPJ com base no lucro real.

f) Registro N660: apuração da CSLL mensal por estimativa.

g) Registro N670: apuração da CSLL com base no lucro real.

h) Registro X460: inovação tecnológica e desenvolvimento tecnológico.

i) Registro X480: Repes, Recap, Padis, PATVD, Reidi, Repenec, Reicomp, Retaero, Recine, Resíduos Sólidos, Recopa, Copa do Mundo, Retid, REPNBL-Redes, Reif e Olimpíadas.

j) Registro Y570: demonstrativo do Imposto de Renda e CSLL retidos na fonte.

- **Lucro presumido:**
  a) Registro P200: apuração da base de cálculo do IRPJ com base no lucro presumido.
  b) Registro P300: cálculo do IRPJ com base no lucro presumido.
  c) Registro P400: apuração da base de cálculo da CSLL com base no lucro presumido.
  d) Registro P500: cálculo da CSLL com base no lucro presumido.

Detalhe importante sobre os SPEDs é a periodicidade de entrega e a necessidade de segregação por matriz e filiais. Veja-se:

a) SPED Contábil: um para matriz e filiais, ou seja, consolidado. Anual.
b) SPED Contribuições: um para matriz e filiais, ou seja, consolidado. Mensal.
c) SPED ICMS: um por matriz e para cada filial, ou seja, segregado. Mensal.
d) ECF – IRPJ/CSLL: um por empresa, ou seja, consolidado. Anual.

Vale a pena destacar, também, a importância das seguintes obrigações:

a) **PerdCompWeb:** aplicação existente no Portal e-CAC que permite ao contribuinte realizar o pedido de restituição e a declaração de compensação do pagamento indevido ou a maior em Darf, inclusive as quotas do IRPF.
b) **Declaração de Débitos e Créditos Tributários Federais (DCTF):** obrigação mensal das empresas; serve

para declarar os dados a respeito de vários tributos e contribuições. Por meio da DCTF, a Receita Federal obtém as informações necessárias para realizar o lançamento do crédito tributário e a forma que o contribuinte utilizou para quitá-lo – se ele foi pago à vista ou parcelado, se há compensação ou suspensão.

Observados esses pontos de coleta de informações e arquivos do grupo SPED, que serão base para o desenvolvimento dos trabalhos, passa-se aos primeiros procedimentos a serem realizados.

2

MÓDULOS

2.1. 1º MÓDULO: ANÁLISE PRÉVIA

2.1.1. Auditoria via sistema (fase automatizada)

O primeiro passo a ser dado no trabalho de revisão fiscal é a auditoria das obrigações fiscais/tributárias das operações da empresa de maneira automatizada para o cruzamento das escriturações fiscais dos últimos 12 meses, referente ao período "fechado" escriturado - ou seja, estando em 2022, será analisado o ano de 2021 –, observando as informações a seguir.

Esta fase do trabalho é denominada *fase automatizada*, já que, em regra, é cumprida com o auxílio de *softwares* disponíveis no mercado para esse fim específico, como E-Auditoria, Asis Tax, E-auditor, MA Tecnologias e outros.

Em um primeiro momento, os esforços são investidos na auditoria relacionada ao último exercício completo, solicitando à empresa uma procuração eletrônica para acesso ao e-CAC e resguardando-a por meio de um acordo de confidencialidade.

Feito isso, haverá a importação das obrigações acessórias principais para o sistema escolhido e posteriormente serão realizados vários cruzamentos de informações, conforme os exemplos a seguir:

1. Entre as informações do SPED Fiscal - ICMS -, com o objetivo de encontrar créditos de ICMS/IPI e eventuais inconsistências na escrituração fiscal, tais como classificações equivocadas de códigos de produto, CFOP e CST.
2. SPED Contribuições *versus* SPED Contábil: na contabilidade (contábil), têm-se as despesas escrituradas, discriminadas, realizadas pela empresa no período analisado. Já no SPED Contribuições, têm-se as despesas cujo crédito foi tomado, de maneira geral. Assim, nesse cruzamento, consegue-se identificar se há despesas que não foram escrituradas no SPED Contribuições.
3. ECF *versus* SPED Contábil: como o SPED Contábil reúne com detalhes as informações contábeis, que apresentam todo o movimento do patrimônio da organização, é necessário que essas informações cheguem até a Escrituração Contábil Fiscal (ECF), que, por sua vez, consiste numa declaração para fins fiscais contemplando os detalhes sobre a composição da base de cálculo do IRPJ e da CSLL. Buscam-se, aqui, ajustes (adições e exclusões) relacionados ao lucro contábil e ao lucro fiscal. Está-se falando, então, de análise de tributos diretos.
4. SPED Fiscal *versus* SPED Contábil: aqui, tem-se uma análise voltada para a área de *compliance*, já que os lançamentos do SPED Contábil devem estar em consonância com os lançamentos do SPED Fiscal, para empresas, naturalmente, que realizam compra e venda de mercadorias. Aqui não se fala de crédito tributário.
5. SPED Contribuições *versus* SPED Fiscal - ICMS, para verificação de créditos de PIS e Cofins e de inconsistências de lançamentos. No fiscal, têm-se as mercadorias escrituradas, discriminadas, que a empresa adquiriu e vendeu no período analisado. Já no SPED Contribuições, têm-se as despesas cujo crédito foi tomado. Nesse cruzamento se consegue identificar se há mercadorias que não foram escrituradas no SPED Contribuições e que podem gerar crédito.

6. Revisão de cadastro de NCM, para identificar possibilidade de crédito e *compliance*, haja vista que a classificação das mercadorias, tanto em relação aos NCMs quanto aos códigos acessórios, como CST e CFOP, implica tratamentos diferentes para a tributação.
7. Auditoria de escrituração de documentos fiscais, para adequação do sistema de escrituração. Verificação de inconsistências para fins de indicativos em auditoria prévia. Aqui também não se fala de crédito.

Além dos exemplos mencionados, naturalmente, deve o consultor se ater ao caso concreto para verificar outras possibilidades de cruzamentos dentro do sistema escolhido, a depender do que cada programa oferta ao usuário.

Importante mencionar que para ter acesso aos documentos citados (obrigações acessórias) será utilizado o programa *Receitanetbx,*[1] da própria Receita Federal, sendo certo que os arquivos que serão auditados, em geral, são os SPEDs. Vale lembrar que o acesso somente será possível quando a empresa tiver concedido a procuração digital no e-CAC.

2.1.1.1. Revisão de NCM

As informações dos produtos que serão consultados poderão ser encontradas no arquivo SPED Contribuições e SPED Fiscal, nos registros 0200 e C170.

A Nomenclatura Comum do Mercosul (NCM) consiste em um código que tem por objeto identificar mercadorias e estabelecer diferentes formas de tributação de PIS, Cofins, II, ICMS e IPI.

---

1 O ReceitanetBx é um sistema que permite a exportação de arquivos como o SPED, constantes na base de dados da Receita Federal. O acesso poderá ser feito com o certificado digital pelos contribuintes, representantes legais, procuradores (autorização concedida no portal e-CAC), servidores federais ou entidades conveniadas. O *link* para *download* do programa ReceitanetBx está disponível na página da RFB.

Nesse sentido, se houver alguma mercadoria classificada de maneira equivocada, toda a cadeia de tributação poderá ser afetada. Se for constatada, por exemplo, uma tributação a maior, o trabalho de revisão de NCM poderá acarretar créditos a serem recuperados a favor da empresa contribuinte.

Nesse trabalho, em regra, são utilizados sistemas disponíveis no mercado, já que na maioria das vezes a análise comporta um volume considerável de informações de mercadorias, todavia imprescindível, além de uma conferência a ser realizada pelo profissional, consultor tributário.

Um dos sistemas indicados para essa análise é a ferramenta TaxDashs da empresa Taxcel, que traz alguns mapeamentos interessantes, tais como total de receita e de créditos pelo referido código, além de apresentar um detalhamento das entradas por item.

O sistema também proporciona uma visualização da classificação fiscal registrada nas obrigações acessórias, permitindo assim que o usuário consiga identificar as informações dos capítulos da TIPI em nível de produto, bem como entender como se dá a tributação da empresa analisada, no intuito de facilitar a identificação de oportunidades de crédito ou até mesmo a necessidade de correção das obrigações.

A Figura 1 mostra a análise dos NCM a partir das informações extraídas do EFD Contribuições.

2.1.2. Análise prévia técnica (fase personalizada)

Após a fase automatizada, são realizadas a manipulação e a consolidação dos arquivos do sistema SPED para a conferência e análise do profissional consultor, que terá condições de julgar o tratamento dado pelas ferramentas utilizadas anteriormente.

Na padronização de atividades utilizadas pela nossa equipe, pelo fato de comportar um trabalho mais intelectual e detalhado, chamamos essa fase de "personalizada".

Figura 1 – Análise dos NCMs

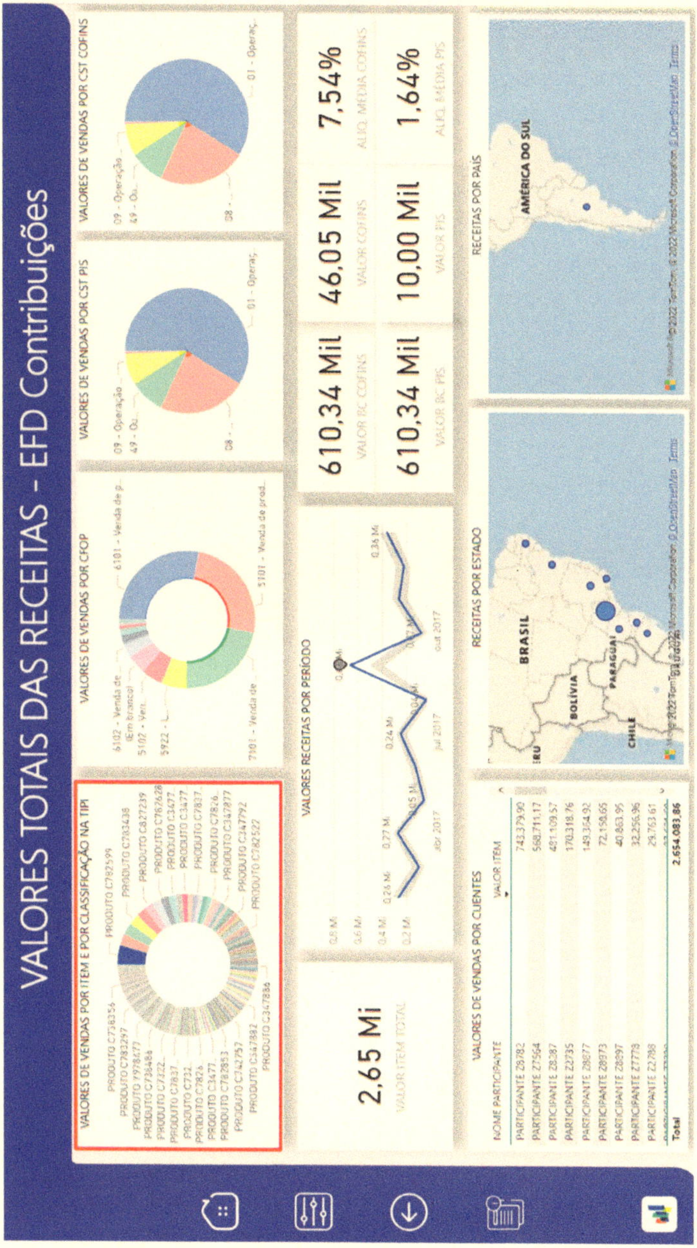

Fonte: Plataforma TaxDashs – Taxcel.

Cumprimos esta etapa, então, com a utilização do *software* Taxcel (TaxSheets - Leitor e Editor de SPED, versão 6.7), para a conversão dos arquivos em formato .txt para .xls. Trata-se de uma fase em que se submetem os relatórios da análise técnica automatizada ao crivo dos consultores e especialistas, como dito.

A Figura 2 mostra o menu de manipulação de arquivos.

Figura 2 – Menu de manipulação de arquivos

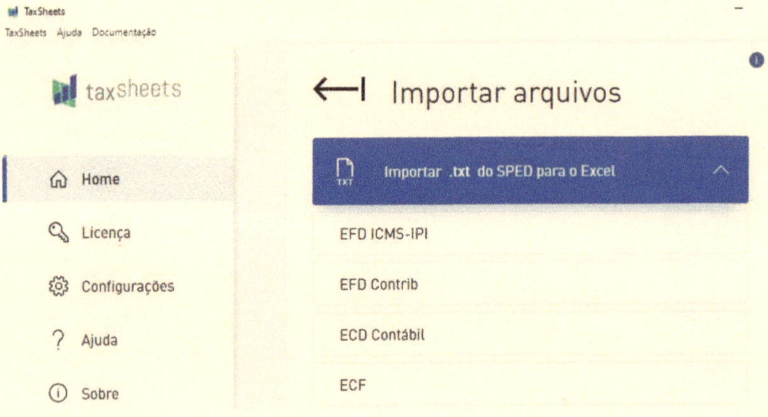

Fonte: Tax Sheets v6.07 64-bits.

Outro destaque desta fase é a realização da hierarquização do plano de contas (balancete) contábil a partir dos dados e registros da ECD.

Para a análise do balancete, é necessário estruturar um plano de contas a partir do SPED Contábil, buscando, principalmente, as informações dos registros I050 (Plano de contas - contas sintéticas) e I052 (Plano de contas referencial - contas analíticas) e I155 (Balanço patrimonial, DRE - Detalhe dos Saldos Periódicos), lembrando sempre que as contas de "Ativo" e "Despesas" têm natureza devedora, e as contas de "Passivo", "Patrimônio Líquido" e "Receitas" têm natureza credora.

Esse plano de contas deve buscar as contas sintéticas, em sua ordem, e, abaixo delas, as correspondentes analíticas, para que seja possível chegar ao valor e à característica exata da operação em que se busca analisar a possibilidade de tomada de crédito.

Nota-se que um débito nas contas de natureza devedora tem caráter de "aumento" da conta, e um crédito tem caráter de "redução" da conta. Ao contrário, um débito nas contas de natureza credora tem caráter de "redução" da conta, e um crédito tem caráter de "aumento" da conta.

Outro ponto importante são os códigos das contas. Veja-se:

- Código 01: contas de ativo.
- Código 02: contas de passivo.
- Código 03: patrimônio líquido.
- Código 04: contas de resultado.
- Código 05: contas de compensação.
- Código 09: outras.

Inclusive, ao buscar os valores das contas, no próprio plano de contas montado para análise do balancete, deve-se buscar os valores negativos e positivos, por natureza devedora ou credora, para a devida hierarquização do plano de contas e os respectivos saldos das contas.

No caso das contas de resultado, deve-se analisar a origem da operação no plano de contas para saber se haverá um impacto de redução ou de aumento na apuração dos valores. Nesse sentido, veja-se o que há a respeito da montagem do balancete.

2.1.2.1. Montagem do plano de contas hierarquizado

Para montar o balancete que servirá para as análises dos tributos indiretos e diretos, deve-se montar o próprio plano de contas, com as informações do SPED Contábil.

O primeiro passo é relacionar as contas analíticas (I051 ou I052) logo abaixo das sintéticas (I050), assim se terá um bom detalhamento das operações contábeis da empresa para que então se possa buscar os valores específicos de cada conta.

Em regra, buscam-se esses valores do registro I155 (Saldo consolidado), relacionando a natureza da conta pelos códigos, conforme apresentado no tópico anterior.

Para essa montagem de balancete, é imprescindível saber se a apuração do lucro real é anual ou trimestral, o que se pode identificar dentro da ECF, na aba escrituração, cadastro, dados iniciais e parâmetros de tributação.

O segundo passo é, dentro do "I155", filtrar as contas de ativo (01) e resultado (04), que têm natureza devedora, e abrir uma coluna para puxar o saldo inicial condizente com a conta. Estando-se diante de um indicador devedor, dentro de conta de natureza devedora, o saldo é positivo. O contrário se dá para as contas de natureza credora. Da mesma forma, faz-se isso com o saldo final, ainda dentro do I155. Em seguida, é realizado o mesmo racional para as contas do passivo e patrimônio líquido.

Feito isso, volta-se à construção da hierarquização do plano de contas para as contas analíticas e sintéticas, buscando os valores de saldo inicial e final encontrados na aba do saldo consolidado (I155), estabelecendo relação entre eles e os códigos de conta (COD_CTA), filtrando por sintéticas e analíticas.

2.2. 2º MÓDULO: REVISÃO DE TRIBUTOS INDIRETOS

No 2º módulo é realizada a revisão dos tributos indiretos (ICMS, IPI, ISS, PIS e Cofins), com o objetivo de levantar créditos tributários e adequações para redução legal da carga tributária, mitigando riscos.

O principal objetivo neste módulo é identificar possíveis pagamentos de tributos realizados de forma indevida, na maioria das vezes "a maior", para estimativa da oportunidade e operacionalização dos procedimentos, seja na fase da recuperação em virtude de ausência de tomada de crédito, seja pelo fato de a empresa haver oferecido à tributação alguma operação que não necessariamente deveria ser tributada.

2.2.1. Apuração do ICMS

No que diz respeito ao ICMS, serão analisadas as operações conforme a legislação de regência, ou seja, a legislação constitucional, leis complementares, convênios, protocolos e o regulamento do ICMS.

Devem ser observados os princípios constitucionais (matriz constitucional), verificada a apuração, a devida classificação fiscal dos produtos (gerenciais e fiscais), as hipóteses de substituição tributária e o fechamento das operações que geram o valor das guias a serem pagas, haja vista a relação entre o ICMS devido e o ICMS a recolher.

É imprescindível, nesta etapa, entender a sistemática da não cumulatividade do ICMS, que significa, em linhas gerais que, o valor devido em cada operação, será compensado nas operações seguintes, nos termos do § 2º do artigo 155 da Constituição Federal Nesta fase, será necessária uma análise dedicada ao SPED Fiscal, baseada em uma compreensão profunda do manual da EFD ICMS-IPI, identificando campos de erros, campos obrigatórios, registros etc.

É preciso entender muito bem os quatro conjuntos de informações, a saber, (a) cadastros, (b) movimentações, (c) relatório e

(d) configurações, fazendo bom uso da seção de "perguntas e respostas" do SPED Fiscal.

Tendo em vista que a base de verificação do último período fechado do SPED no formato do Excel já se encontra no repositório, deve-se trabalhar, basicamente, com os registros mais importantes do SPED, já ressaltados inicialmente.

Ainda dentro da etapa de apuração do ICMS, pode ser feito o cruzamento entre o EFD Fiscal - ICMS e os XMLs das notas fiscais de saída, em busca de possíveis incoerências. Devido ao grande volume de informações a serem analisadas, para esta validação é indicado o uso da ferramenta Taxdashs, cuja funcionalidade permite uma análise ampla das informações extraídas desses documentos fiscais, visando à identificação de notas fiscais que não foram escrituradas, ao levantamento de oportunidades de crédito ou à possibilidade de risco fiscal inerente às operações.

A Figura 3 traz os resultados do cruzamento realizado entre EFD Fiscal - ICMS e os Ms das notas fiscais de saída.

2.2.1.1. Crédito de mercadorias (ICMS)

Dando início às análises da manutenção dos créditos a partir das entradas, são estabelecidas, como base de pesquisa, as tabelas do Código de Situação Tributária ("CST - ICMS"), do Código Especificador de Substituição Tributária ("CEST") e do Código Fiscal de Operações e Prestações ("CFOP"), disponibilizadas no sítio eletrônico do SPED.[2]

Posteriormente, serão realizadas fórmulas no Excel para associação do código de participantes (fornecedores), código de itens (descrição do item e seu NCM), bem como a descrição do CST e do CFOP para cada operação constante e devidamente escriturada no

[2] Disponível em: http://www.sped.fazenda.gov.br/spedtabelas/AppConsulta/publico/aspx/ConsultaTabelasExternas.aspx?CodSistema=SpedFiscal. Acesso em: nov. 2022.

Figura 3 – Cruzamento EFD ICMS-IPI x XML

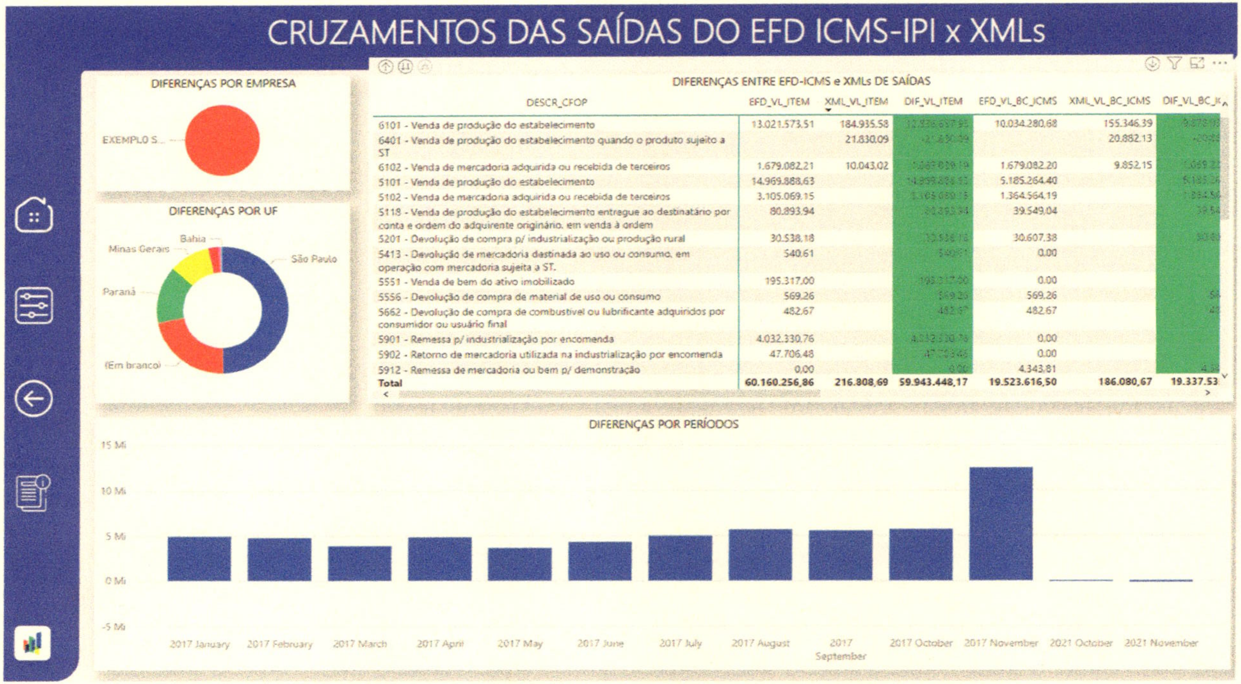

Fonte: Plataforma TaxDashs – Taxcel.

Registro C170 do SPED Fiscal. Os registros utilizados para fins de cruzamento serão:

a) Fornecedores/participantes: registro 0150.
b) Itens/mercadorias: registro 0200.
c) Natureza da operação: registro 0400.
d) Tabela de CST: ICMS.
e) Tabela de CFOP.
f) Código de conta: I052 (SPED Contábil).

Exemplos práticos:

=PROCV(Cod_Par;'Registro 0150'!G:H;2;0).

=PROCV(Cod_Item;'Registro 0200!G:H;2;0).

=PROCV(CST_ICMS;'Tabela CST ICMS'!B:C;2;0).

=PROCV(CFOP;'Tabela CFOP!B:D;3;0).

Isso é feito para compor as análises do registro C190, em que constam os débitos do imposto a partir das operações de saída da empresa.

Finalizada a composição básica da natureza das operações e as demais classificações do CST, CEST e CFOP, deve-se realizar uma análise cruzada entre o SPED Fiscal e o SPED Contribuições (em ambos os registros correspondentes, ou seja, C170 x C170), criando matriz referencial para identificação em ambos os arquivos eletrônicos ou não.

Exemplos práticos:

=CONCAT(ID_CNPJ;" | ";COD_PAR;" | ";NUM_DOC;" | ";COD_ITEM;" | ";CST_ICMS;" | ";CFOP).

=PROCV(Referencial;'Registro C170 SPED Contribuições).

=PROCV(Referencial;'Registro C170 SPED Fiscal).

Vale ressaltar que existem casos em que não se pode prever que a mercadoria sairá sem tributação, como na hipótese de uma isenção superveniente. Reforçando o dispositivo constitucional do art. 155, § 2º, II, "b", deve-se anular o crédito da entrada.

O mesmo deve ocorrer caso a mercadoria seja utilizada em um processo de industrialização ou mesmo para um fim diverso da atividade do estabelecimento.

Existem casos ainda em que a mercadoria nem sequer realiza uma saída posterior. São os casos em que ela se deteriora, estraga ou perece, hipóteses em que o crédito de entrada também deverá ser estornado.

Ademais, mercadorias oriundas de fornecedores optantes pelo regime de tributação do Simples Nacional não geram direito a crédito de ICMS.

2.2.1.2. Outras oportunidades de crédito de ICMS

Constituem também oportunidades de crédito de ICMS:

a) Aquisição de matéria-prima, produto intermediário e material de embalagem destinados à industrialização.

b) Aquisição de bem destinado ao ativo imobilizado para utilização nas atividades operacionais do contribuinte com vida útil superior a 12 meses.

c) Aquisição de partes e peças para substituição empregadas nos bens do ativo imobilizado acima de 12 meses.

d) Energia elétrica utilizada na atividade produtiva (consumida no processo industrial).

e) Energia elétrica na proporção das saídas para o exterior.

f) Energia elétrica consumida como insumo energético em atividade de mineração, em beneficiamento não industrial ou acondicionamento não industrial em atividades complementares à produção primária.

g) Energia elétrica nas atividades de açougue, peixaria e frios e padaria.

h) Análises dos serviços de transporte prestados pelo tomador, bem como aquisições dos serviços.

i) Análises dos serviços de comunicação prestados pelo tomador, bem como aquisições dos serviços.
j) Análises do tratamento dado por segmento das despesas com combustíveis e lubrificantes, pneus ou câmaras de ar para reposição.
k) Análise da não incidência do imposto nas transferências para o mesmo titular.
l) Análise do ICMS-ST base presumida x base real.
m) Regimes especiais por segmento.
n) Crédito acumulado de origem das saídas não tributadas/isentas/diferidas/imunes.
o) Análise dos estornos, decorrentes de situações específicas em lei, nas quais se acumula crédito para o mês seguinte. Pode ser transferida para estabelecimento próprio ou para outros contribuintes do mesmo estado, por exemplo, para fornecedores.

Nas últimas colunas, deve-se acrescentar informações de possibilidade de crédito, justificativa e fundamento legal. Neste momento é que, de fato, a análise do profissional acontece.

Após o resultado de cada trabalho, é elaborada uma tabela dinâmica utilizando as principais informações levantadas para que a visualização dos créditos passíveis de aproveitamento seja mais amigável.

2.2.2. Apuração do IPI

Para análise de IPI, serão utilizados os mesmos procedimentos do ICMS, já que registrados no mesmo SPED. Deve-se, portanto, dar atenção à legislação vigente quando da análise de créditos. Veja-se:

- **Créditos básicos (RIPI, art. 226):**

1. do imposto relativo à matéria-prima, produto intermediário e material de embalagem, adquiridos para

emprego na industrialização de produtos tributados, incluindo-se, entre as matérias-primas e os produtos intermediários, aqueles que, embora não se integrando ao novo produto, forem consumidos no processo de industrialização, salvo se compreendidos entre os bens do ativo permanente (inciso I);

2. do imposto relativo à matéria-prima, produto intermediário e material de embalagem, quando remetidos a terceiros para industrialização sob encomenda, sem transitar pelo estabelecimento adquirente (inciso II);
3. do imposto relativo à matéria-prima, produto intermediário e material de embalagem, recebidos de terceiros para industrialização de produtos por encomenda, quando estiver destacado ou indicado na nota fiscal (inciso III);
4. do imposto destacado em nota fiscal relativa a produtos industrializados por encomenda, recebidos do estabelecimento que os industrializou, em operação que dê direito ao crédito (inciso IV);
5. do imposto pago no desembaraço aduaneiro (inciso V);
6. do imposto mencionado na nota fiscal que acompanhar produtos de procedência estrangeira, diretamente da repartição que os liberou, para estabelecimento, mesmo exclusivamente varejista, do próprio importador (inciso VI);
7. do imposto relativo a bens de produção recebidos por comerciantes equiparados a industrial;
8. do imposto relativo aos produtos recebidos pelos estabelecimentos equiparados a industrial que, na saída destes, estejam sujeitos ao imposto, nos demais casos não compreendidos nos incisos V a VII;
9. do imposto destacado nas notas fiscais relativas a entregas ou transferências simbólicas do produto, permitidas neste Regulamento (inciso X).

- **Créditos por devolução ou retorno (art. 227):**

10. é admitido o crédito do imposto relativo às matérias-primas, aos produtos intermediários e aos materiais de embalagem adquiridos para emprego na industrialização de produtos destinados à exportação para o exterior, saídos com imunidade;
11. é admitido o crédito do imposto relativo às matérias-primas, aos produtos intermediários e aos materiais de embalagem adquiridos para emprego na industrialização de produtos saídos com suspensão do imposto e que posteriormente sejam destinados à exportação nos casos dos incisos IV, V, XIV e XV do art. 43.

- **Créditos não permitidos:**

12. combustíveis e lubrificantes - AgRg REsp 1.000.848;
13. ativos imobilizados - Súmula 495 do STJ;
14. materiais de limpeza;
15. EPI;
16. pneus ou outras peças de veículos próprios;
17. aquisições de fornecedores do Simples Nacional.

2.2.3. Apuração do PIS e da Cofins

Diferentemente da análise do ICMS, associada às informações fiscais da empresa, na análise das apurações do PIS e da Cofins é verificado o envio de informações sobre as contribuições da empresa por meio do SPED Contribuições.

Outros tributos de suma importância no trabalho de diagnóstico fiscal são as contribuições para o PIS e a Cofins. Para tais contribuições, existem as modalidades cumulativa e não cumulativa. Aqui nos interessa a sistemática não cumulativa.

Quando se fala em PIS e Cofins no regime cumulativo, deve-se ter em mente que a incidência dos dois tributos ocorrerá sempre que houver uma venda, mesmo que o produto já tenha sido tributado anteriormente. Outro ponto importante é que todas as empresas optantes pelo regime tributário de lucro presumido estão obrigadas a aderir aos tributos cumulativos.

Já o PIS e a Cofins no regime não cumulativo surgiram quando as Leis nº 10.637/2002 e 10.833/2003 foram promulgadas. Até então, os tributos cumulativos eram a única opção das empresas.

No caso do PIS e da Cofins no regime não cumulativo, há créditos (art. 3º das Leis nº 10.637/2002 e 10.833/2003) para o abatimento das comercializações anteriores. Esses créditos são descontados do valor pago ao Governo. Tal sistemática é inerente às empresas que optam pelo regime de tributação do lucro real, sendo certo que, dentro de tal sistemática, há inúmeras possibilidades de tomada de créditos sobre bens, insumos, custos e despesas, nas alíquotas de 1,65 e 7,60%.

A legislação do PIS e da Cofins determina a possibilidade de créditos no regime não cumulativo em relação a bens adquiridos para revenda, insumos, frete e armazenagem, frete sobre compras, energia elétrica, aluguéis, arrendamento mercantil, ativo imobilizado, edificações e benfeitorias, devolução de mercadorias, ativo intangível, vale-transporte/alimentação e uniformes e outros.

Nesse contexto, analisam-se, sob a ótica do conceito de insumos e atividades desempenhadas pelas sociedades, a escrituração e manutenção dos créditos relativos ao princípio da não cumulatividade no âmbito das contribuições do PIS e da Cofins. Veja-se o Parecer Cosit nº 05/2018, que norteia o tema manifestado pelo STJ (*vide* REsp 1.221.170/PR).

> [...] o conceito de insumo para fins de apuração de créditos da não cumulatividade da Contribuição para o PIS/Pasep e da Cofins deve ser aferido à luz dos critérios da essencialidade ou da relevância do bem ou serviço para a produção de bens destinados à venda ou para a prestação de serviços pela pessoa jurídica.

2.2.3.1. Crédito de mercadorias (PIS/Cofins)

Neste tópico, cumprem-se os mesmos requisitos descritos no tópico relativo ao ICMS e realiza-se o que se segue.

Deve-se fazer um CONCATENAR (fórmula) tanto na aba da EFD-Fiscal quanto na aba da EFD_Contribuições, para verificar quais notas estão em ambos os relatórios e qual o efeito fiscal originalmente atribuído a elas.

A partir do momento em que se identifica em quais notas o crédito foi originalmente aproveitado, deve-se excluir essas notas da análise (colunas finais da aba "EFD-Fiscal").

Deve-se analisar a possibilidade de apropriação de créditos adicionais dos itens restantes (verificar descrição do item, NCM, CFOP) e excluir da análise todas as aquisições que não geram crédito (p. ex., oriundas de pessoa física, com CFOP que não gera crédito etc.).

É preciso atentar para o fato de que os registros C100/C170/C190 da EFD-Fiscal devem conter todas as entradas/saídas do estabelecimento, independentemente de essa operação ter gerado crédito/débito ou não. Em contrapartida, o C100/C170/C190 da EFD_Contribuições deve conter a escrituração apenas das operações que geram crédito ou débito de PIS/Cofins.

Por esse motivo, deve-se utilizar sempre a EFD-Fiscal para realizar a identificação de oportunidades de crédito não aproveitado originalmente pelo cliente.

Novamente devido ao fácil manuseio e visual das informações, indica-se, para esse cruzamento, a ferramenta TaxDashs, na qual será possível identificar diferenças entre as obrigações acessórias e explorá-las em nível de CFOP, participante, produto, conta referencial e chave de acesso. Essa solução permite que os relatórios sejam visualizados na própria ferramenta, podendo também ser baixados no formato Excel, para facilitar a análise das informações e retificações.

A Figura 4 demonstra o cruzamento entre EFD Fiscal e EFD Contribuições.

Figura 4 – Cruzamento SPED Contribuições *versus* SPED Fiscal – ICMS

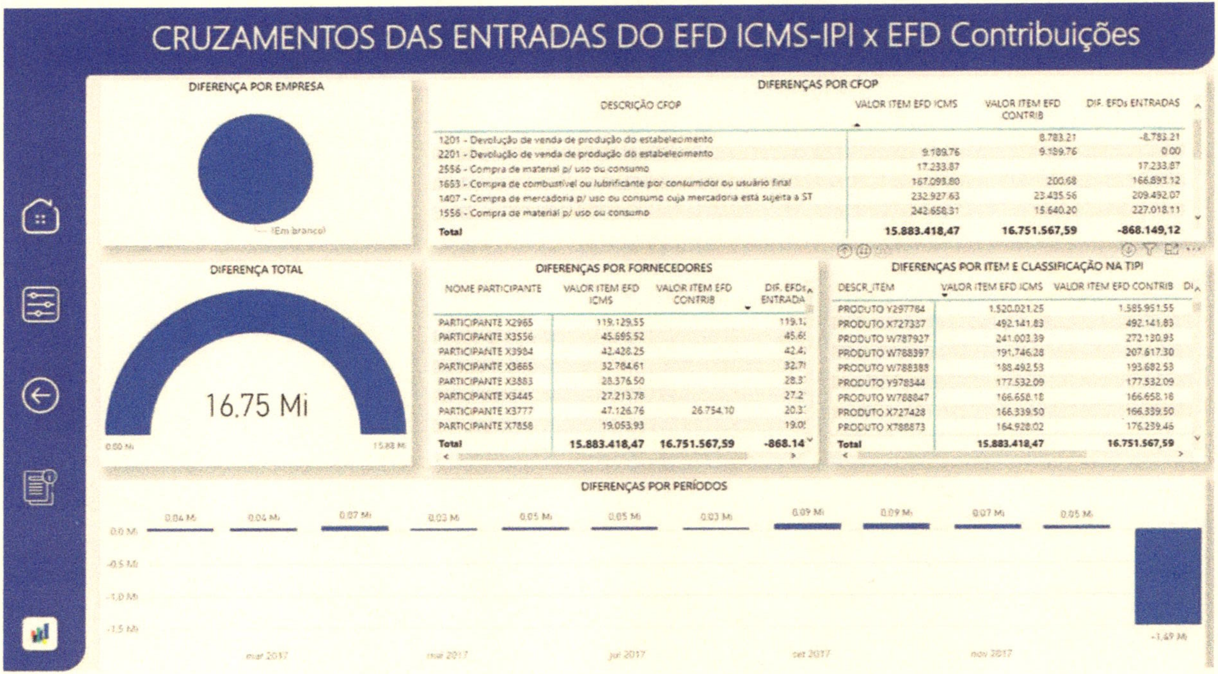

Fonte: Plataforma TaxDashs – Taxcel.

2.2.3.2. Outros créditos PIS/Cofins

Além dos itens de revenda, há bens e serviços que podem gerar crédito de PIS e Cofins a título de insumos, como:

a) levantamento dos créditos dos bens adquiridos para revenda;

b) levantamento dos créditos de bens e serviços utilizados como insumo na prestação de serviço ou fabricação de bens destinados à venda conforme segmento;

c) levantamento dos créditos com aluguéis de prédios, máquinas e equipamentos pagos a pessoa jurídica, utilizados nas atividades da empresa;

d) análise das contraprestações de operações de arrendamento mercantil de pessoa jurídica;

e) análise de máquinas, equipamentos e outros bens incorporados ao ativo imobilizado, adquiridos ou fabricados para locação a terceiros ou para utilização na produção de bens destinados à venda ou na prestação de serviços;

f) análise das edificações e benfeitorias em imóveis de terceiros, quando o custo inclusive de mão de obra tenha sido suportado pela locatária;

g) análise dos bens recebidos em devolução;

h) análise da energia elétrica e térmica, inclusive sob a forma de vapor, consumidas nos estabelecimentos da pessoa jurídica;

i) análise de telecomunicações;

j) análise de vale-transporte, vale-refeição ou vale alimentação, fardamento ou uniforme fornecidos aos empregados por pessoa jurídica que explore atividades de prestação de serviços de limpeza, conservação e manutenção;

k) análise do insumo do insumo, ou seja, dispêndio efetuado em etapas prévias à produção;

l) análise de gastos posteriores à finalização do processo produtivo ou prestação de serviço, testes, selos, transporte até o local de realização dos testes;

m) análise de manutenção periódica e substituição de partes e peças de bens do ativo imobilizado;
n) análise de bens de pequeno valor ou vida útil inferior a um (1) ano de vida útil;
o) análise das despesas de inspeções regulares;
p) análise das despesas com produtos de limpeza, desinfecção e dedetização de ativos;
q) análise das despesas com pesquisa e desenvolvimento (P&D);
r) análise das despesas com pesquisa e prospecção de recursos minerais e energéticos;
s) análise da terceirização de mão de obra;
t) análise das despesas com combustíveis e lubrificantes;
u) análise das despesas com materiais de higienização e sanitização essenciais e relevantes para operação da empresa;
v) análise das despesas com materiais de laboratório;
w) análise das despesas com custo de qualidade;
x) análise das despesas com frete vinculados às receitas não tributadas;
y) benefícios fiscais - Créditos Presumidos;

Para elucidar o tema, o parecer Cosit 05/2018 traz informações valiosas sobre o conceito de insumos, tais como:

a) o "critério da essencialidade diz com o item do qual dependa, intrínseca e fundamentalmente, o produto ou o serviço":
    a.1) "constituindo elemento estrutural e inseparável do processo produtivo ou da execução do serviço";
    a.2) "ou, quando menos, a sua falta lhes prive de qualidade, quantidade e/ou suficiência".
b) já o critério da relevância "é identificável no item cuja finalidade, embora não indispensável à elaboração do próprio

produto ou à prestação do serviço, integre o processo de produção, seja":

b.1) "pelas singularidades de cada cadeia produtiva";

b.2) "por imposição legal". Dispositivos Legais: Lei nº 10.637, de 2002, art. 3º, inciso II; Lei nº 10.833, de 2003, art. 3º, inciso II, Ex. EPI.

Além disso, é preciso se ater a diversos aspectos legais, como a restituição de PIS e Cofins em atividades com produtos monofásicos (art. 3º da Lei nº 10.833/2003), por exemplo, bares, restaurantes, farmácias, *petshops*, autopeças, lojas de conveniência.

É necessário também verificar todos os códigos que envolvem as análises, como os de revisão cadastral e os de revisão fiscal. Por exemplo, em um em que o NCM está certo, mas a CST está errada, consequentemente, itens com alíquota zero e itens monofásicos são tributados indevidamente.

Para operacionalizar esses outros créditos, deve-se identificar se as despesas elencadas no art. 3º da Lei nº 10.833/2003 constam no balancete (para uma análise mais detalhada, pedir a razão contábil) e, claro, verificar na EFD_Contribuições se a empresa utiliza alguns dos créditos identificados (significa dizer que o que foi escriturado foi utilizado).

Assim como na análise de ICMS, nas últimas colunas da aba principal da planilha de análise de PIS e Cofins devem-se acrescentar informações de possibilidade de crédito, justificativa e fundamento legal. Nesse momento é que, de fato, a análise do profissional acontece.

Para essa análise, contamos com o suporte automatizado da ferramenta TaxDashs, que, mediante um cruzamento entre o EFD Contribuições e ECF, tornou possível verificar com agilidade e solidez as diferenças escrituradas em função de créditos como energia elétrica, aluguéis, receitas de mercadorias e receitas de serviços. Além disso, essas análises podem ser feitas de forma automática, permitindo uma exploração maior das diferenças entre as obrigações, a fim de identificar créditos ou riscos nas escriturações, além de examinar as análises até o nível de conta referencial.

A Figura 5 mostra os resultados do cruzamento entre EFD Contribuições e ECF.

Ao final de cada trabalho, é recomendável que sempre seja elaborada uma tabela dinâmica utilizando as principais informações levantadas, para que a visualização dos créditos passíveis de aproveitamento seja mais amigável.

A seguir, apresenta-se uma descrição mais ampla das possibilidades de crédito.

2.2.3.2.1. *Bens adquiridos para revenda*

As pessoas jurídicas sujeitas ao regime não cumulativo poderão descontar créditos em relação às aquisições efetuadas no mês, de pessoas jurídicas domiciliadas no país, de bens para revenda, exceto o álcool para fins carburantes, as mercadorias e produtos sujeitos à substituição tributária e à incidência monofásica das referidas contribuições.

2.2.3.2.2. *Bens e serviços utilizados como insumos*

Poderão ser descontados créditos das aquisições efetuadas no mês, de pessoas jurídicas domiciliadas no país, de bens e serviços utilizados como insumo na prestação de serviços e na fabricação ou produção de bens ou produtos destinados à venda, inclusive combustíveis e lubrificantes.

2.2.3.2.3. *Energia elétrica*

São passíveis de apropriação de créditos as despesas e os custos incorridos no mês, pagos ou creditados a pessoas jurídicas domiciliadas no país, relativos à energia elétrica e à energia térmica, inclusive sob a forma de vapor, consumidas nos estabelecimentos da pessoa jurídica.

Figura 5 – Cruzamento EFD Contribuições × ECF

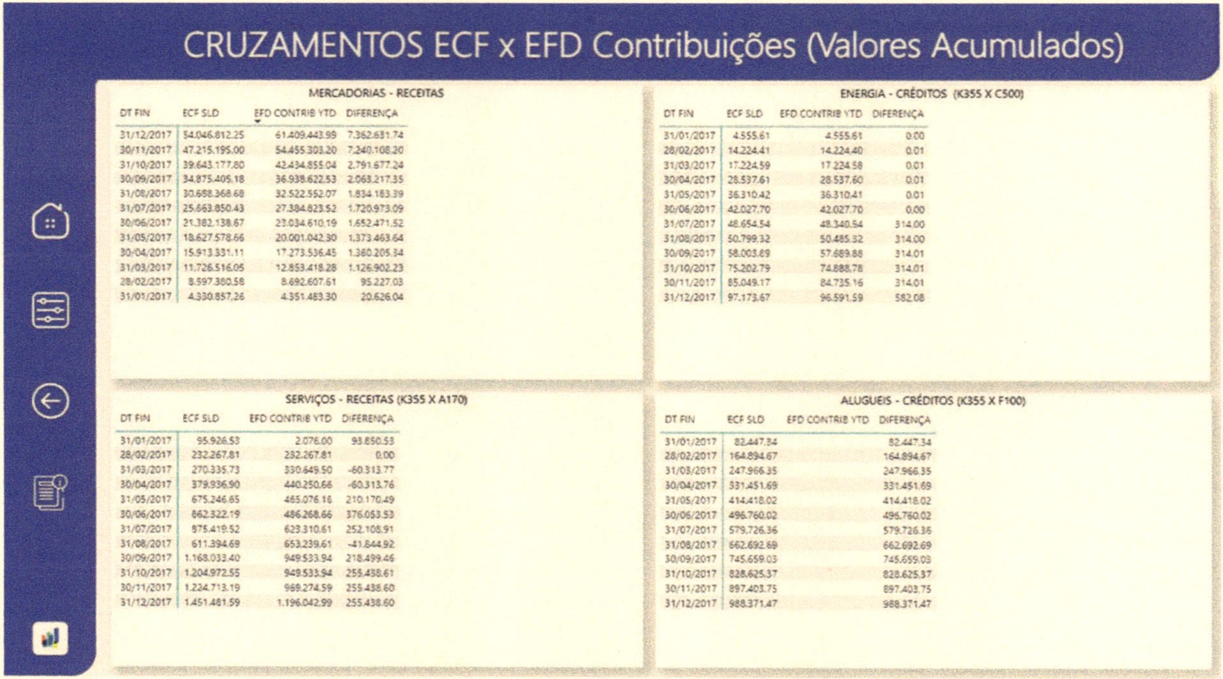

CRUZAMENTOS ECF x EFD Contribuições (Valores Acumulados)

MERCADORIAS - RECEITAS

DT FIN	ECF SLD	EFD CONTRIB YTD	DIFERENÇA
31/12/2017	54.046.812.25	61.409.443.99	7.362.631.74
30/11/2017	47.215.195.00	54.455.303.20	7.240.108.20
31/10/2017	39.643.177.80	42.434.855.04	2.791.677.24
30/09/2017	34.875.405.18	36.938.622.53	2.063.217.35
31/08/2017	30.688.368.68	32.522.552.07	1.834.183.39
31/07/2017	25.663.850.43	27.384.823.52	1.720.973.09
30/06/2017	21.382.138.67	23.034.610.19	1.652.471.52
31/05/2017	18.627.578.66	20.001.042.30	1.373.463.64
30/04/2017	15.913.331.11	17.273.536.45	1.360.205.34
31/03/2017	11.726.516.05	12.853.418.28	1.126.902.23
28/02/2017	8.597.380.58	8.692.607.61	95.227.03
31/01/2017	4.330.857.26	4.351.483.30	20.626.04

ENERGIA - CRÉDITOS (K355 X C500)

DT FIN	ECF SLD	EFD CONTRIB YTD	DIFERENÇA
31/01/2017	4.555.61	4.555.61	0.00
28/02/2017	14.224.41	14.224.40	0.01
31/03/2017	17.224.59	17.224.58	0.01
30/04/2017	28.537.61	28.537.60	0.01
31/05/2017	36.310.42	36.310.41	0.01
30/06/2017	42.027.70	42.027.70	0.00
31/07/2017	48.654.54	48.340.54	314.00
31/08/2017	50.799.32	50.485.32	314.00
30/09/2017	58.003.89	57.689.88	314.01
31/10/2017	75.202.79	74.888.78	314.01
30/11/2017	85.049.17	84.735.16	314.01
31/12/2017	97.173.67	96.591.59	582.08

SERVIÇOS - RECEITAS (K355 X A170)

DT FIN	ECF SLD	EFD CONTRIB YTD	DIFERENÇA
31/01/2017	95.926.53	2.076.00	93.850.53
28/02/2017	232.267.81	232.267.81	0.00
31/03/2017	270.335.73	330.649.50	-60.313.77
30/04/2017	379.936.90	440.250.66	-60.313.76
31/05/2017	675.246.65	465.076.16	210.170.49
30/06/2017	862.322.19	486.268.66	376.053.53
31/07/2017	875.419.52	623.310.61	252.108.91
31/08/2017	611.394.69	653.239.61	-41.844.92
30/09/2017	1.168.033.40	949.533.94	218.499.46
31/10/2017	1.204.972.55	949.533.94	255.438.61
30/11/2017	1.224.713.19	969.274.59	255.438.60
31/12/2017	1.451.481.59	1.196.042.99	255.438.60

ALUGUEIS - CRÉDITOS (K355 X F100)

DT FIN	ECF SLD	EFD CONTRIB YTD	DIFERENÇA
31/01/2017	82.447.34		82.447.34
28/02/2017	164.894.67		164.894.67
31/03/2017	247.966.35		247.966.35
30/04/2017	331.451.69		331.451.69
31/05/2017	414.418.02		414.418.02
30/06/2017	496.760.02		496.760.02
31/07/2017	579.726.36		579.726.36
31/08/2017	662.692.69		662.692.69
30/09/2017	745.659.03		745.659.03
31/10/2017	828.625.37		828.625.37
30/11/2017	897.403.75		897.403.75
31/12/2017	988.371.47		988.371.47

Fonte: Plataforma TaxDashs – Taxcel.

2.2.3.2.4. *Aluguéis e arrendamentos*

Destaque-se que a legislação impôs apenas duas restrições à possibilidade de aproveitamento de créditos relativos às despesas de aluguéis de prédios, máquinas e equipamentos, quais sejam, que os aluguéis sejam contratados com pessoas jurídicas e utilizados nas atividades empresariais. Dessa forma, não há restrição a que os bens alugados sejam utilizados diretamente nas atividades da empresa, mas deve haver relação ao menos indireta com essas atividades, a exemplo dos aluguéis de prédios, máquinas e equipamentos do setor administrativo ou comercial da empresa.

2.2.3.2.5. *Fretes e armazenagem na operação de venda*

É facultada a apropriação de créditos em relação às despesas de armazenagem de mercadoria e ao frete na operação de venda quando o ônus for suportado pelo vendedor. Podem ser apurados créditos sobre os valores pagos a pessoas jurídicas domiciliadas no Brasil, relativos à armazenagem de produtos industrializados pelo depositante e destinados à venda, desde que o ônus dessas despesas de armazenagem seja por ele suportado.

2.2.3.2.6. *Depreciação de bens do ativo imobilizado*

Os contribuintes podem se apropriar de créditos em relação aos encargos de depreciação e amortização, incorridos no mês, relativos a máquinas, equipamentos e outros bens incorporados ao ativo imobilizado, adquiridos ou fabricados para locação a terceiros, ou para utilização na produção de bens destinados à venda ou na prestação de serviços. Também quanto a edificações e benfeitorias em imóveis próprios ou de terceiros, utilizados nas atividades da empresa.

2.2.3.2.7. *Devoluções de vendas*

O valor das devoluções de vendas cuja receita tenha integrado o faturamento do mês ou de mês anterior e tenha sido tributada no regime não cumulativo gera direito à apropriação de crédito.

2.2.3.2.8. *Peças e serviços de manutenção*

As partes e peças de reposição usadas em máquinas e equipamentos utilizados na produção ou fabricação de bens destinados à venda, quando não representarem acréscimo de vida útil superior a um ano ao bem em que forem aplicadas e, ainda, sofrerem alterações, tais como desgaste, dano ou a perda de propriedades físicas ou químicas, em razão da ação diretamente exercida sobre o produto em fabricação ou em produção, são consideradas insumo para fins de crédito a ser descontado do PIS e da Cofins (Solução de Consulta Cosit nº 76/2015 e Solução de Consulta Disit/SRRF nº 4.023/2015).

2.2.3.2.9. *Vale-transporte, alimentação e uniformes*

São admissíveis os créditos relativos aos gastos com vale-transporte, vale-refeição ou vale-alimentação, fardamento ou uniforme fornecidos aos empregados por pessoa jurídica que explore as atividades de prestação de serviços de limpeza, conservação e manutenção (inciso X do art. 3º da Lei nº 10.833/2003).

Para a realização do diagnóstico fiscal relativo a essas contribuições, será analisada a EFD_Contribuições. Trata-se de arquivo digital instituído no Sistema Público de Escrituração Digital - SPED, a ser utilizado pelas pessoas jurídicas de direito privado na escrituração da Contribuição para o PIS/Pasep e a Cofins, nos regimes de apuração não cumulativo e/ou cumulativo, com base no conjunto de documentos e operações representativo das receitas auferidas, bem como dos custos, das despesas, de encargos e aquisições geradores de créditos da não cumulatividade.

Será verificado se o arquivo da EFD_Contribuições foi validado, assinado digitalmente e transmitido, via internet, ao ambiente SPED, conforme disciplina a Instrução Normativa RFB nº 1.252, de 1º de março de 2012.

2.2.4. Apuração do ISSQN

No que diz respeito ao Imposto sobre Serviço, deve-se destacar sua incidência em diversos tipos de serviços, o que o torna extremamente importante. Para o trabalho de diagnóstico fiscal, deverão ser observadas a legislação matriz da Lei Complementar nº 116/2003 e a Lei nº 11.438/97.

A Lei Complementar nº 116/2003 destaca que o ISS possui como fato gerador – ou seja, o evento que dá origem a essa obrigação tributária – a prestação de serviços constantes da lista anexa à referida lei, ainda que estes não se constituam como atividade preponderante do prestador.

Os clientes do diagnóstico fiscal usualmente estão enquadrados nos regimes tributários do lucro real ou lucro presumido, portanto o ISS deve ser recolhido individualmente, ou seja, a cada serviço prestado pela empresa.

Serão analisadas, então, hipóteses de reduções de alíquotas e isenções previstas em leis ou normas administrativas, já que, por se tratar de um imposto destinado aos cofres públicos municipais, as prefeituras podem declarar a isenção de algumas empresas e até mesmo reduzir a alíquota-base do tributo, com a finalidade de dar incentivo ou reduzir a burocracia para empreendedores locais.

Além disso, o trabalho contempla análise das prestações de serviços sujeitas ao fornecimento de materiais, estes no âmbito do ICMS, hipótese em que são retirados os valores da base de cálculo do ISSQN.

A alíquota do ISS é estabelecida pelo município e pode variar de 2 a 5%, dependendo do enquadramento da empresa e do tipo de serviço prestado. As alíquotas são cobradas por tipo de trabalho ou serviço realizado. Além disso, podem variar dependendo do município em que ocorre o fato gerador, o que será objeto de análise quando da realização dos trabalhos.

2.3. 3º MÓDULO: REVISÃO DE TRIBUTOS DIRETOS

Neste módulo será realizada a revisão dos tributos incidentes sobre o lucro (IR e CSLL), com conferência das provisões e exclusões, visando à revisão da carga fiscal, para a diminuição e recuperação de valores indevidamente pagos.

Para cumprimento deste módulo será necessária uma procuração com poderes para acesso ao ReceitanetBx e acesso aos balancetes mensais do último exercício e aos do exercício corrente que estejam fechados. Serão analisadas provisões e exclusões.

2.3.1. Provisões

Para chegar ao lucro real, como o próprio nome diz, apura-se o resultado efetivo das receitas totais reduzidas dos custos e despesas e ainda de créditos que possam ser apropriados para redução do imposto a pagar. A Receita Federal do Brasil exige que a apuração do lucro seja comprovada com lançamentos contábeis, transmitidos por meio do SPED Contábil e da Escrituração Contábil Fiscal (ECF), de acordo com o art. 6º do Decreto-lei nº 1.598/77 e o art. 258 do RIR/2018.

Toda a contabilidade da sociedade resulta no lucro contábil, porém a tributação do IRPJ e da CSLL ocorre na ocasião do lucro fiscal, ou seja, o próprio lucro contábil, após as adições, exclusões e compensações de prejuízos.

As adições são as despesas contabilizadas, mas não aceitas pelo fisco, ou as receitas exigidas pelo fisco e não contabilizadas como receita. Já as exclusões são as receitas contabilizadas que não são exigidas pelo fisco ou as despesas aceitas pelo fisco e não contabilizadas como despesas.

Feito isso, alcança-se o resultado líquido ajustado, do qual, promovidas as compensações de prejuízos fiscais (até 30% do lucro líquido), alcança-se o resultado tributável, como já dito.

As adições, normalmente, são despesas que a empresa contabilizou, mas não são dedutíveis do IR, por exemplo, despesas com provisão para créditos de liquidação duvidosa (clientes inadimplentes), brindes, multas fiscais etc. Já as exclusões podem estar relacionadas a despesas de depreciação de ativos ou receitas de natureza indenizatória e dividendos recebidos de outras pessoas jurídicas, por exemplo.

Nesta etapa, então, analisam-se as adições e/ou exclusões havidas ou passíveis de serem operadas quando da apuração do IRPJ e da CSLL, à luz do Decreto-lei nº 1.598/77 (Regulamento do Imposto de Renda) e da Instrução Normativa (IN) nº 1.700/2017.

Um detalhe importante é que, quando a empresa opta por pagar o IRPJ de forma estimada, mensal, os pagamentos não devem ser debitados em conta de resultado, mas sim em conta de ativo circulante, já que, na apuração do balanço anual, será feita a compensação das parcelas pagas com o IRPJ apurado.

Se a empresa não tiver constituído a provisão para o Imposto de Renda no encerramento do período, ou a tiver contabilizado por um valor inferior ao imposto devido, deve regularizar tal situação no período seguinte, mediante lançamento contábil de ajuste cujos efeitos retroajam ao início desse período.

Se a empresa apurar o lucro real mensalmente, esse ajuste deve ser feito no mês seguinte àquele a que se referir à provisão que está sendo regularizada.

2.3.2. Exclusões

No trabalho do consultor serão verificadas, também, as exclusões havidas ou passíveis de sere m operadas quando da apuração do IRPJ. De acordo com o Decreto-lei nº 1.598/77 (Regulamento do Imposto de Renda), art. 6º, § 3º, poderão ser excluídos do lucro líquido do período de apuração:

a) os valores cuja dedução seja autorizada pelo Regulamento e que não tenham sido computados na apuração do lucro líquido do período;
b) os resultados, os rendimentos, as receitas e quaisquer outros valores incluídos na apuração do lucro líquido que, de acordo com o Regulamento, não sejam computados no lucro real;

c) o prejuízo fiscal apurado em períodos de apuração anteriores, limitado a 30% do lucro líquido ajustado pelas adições e exclusões previstas no Regulamento, desde que a pessoa jurídica mantenha os livros e documentos exigidos pela legislação fiscal, comprobatórios do prejuízo fiscal utilizado para compensação (Lei nº 9.065/95, art. 15, parágrafo único).

As exclusões, em parte, são representadas pelas receitas não tributáveis contabilizadas. Excluem-se, também, os valores cuja tributação pode ser diferida, entre outras. A seguir, exemplos de exclusões ao lucro real.

2.3.2.1. Receitas não tributáveis ou isentas

São elas:

a) Resultado credor da equivalência patrimonial - art. 389.
b) Lucros e dividendos recebidos, tributados nas pessoas jurídicas que o distribuíram - art. 379.
c) Ganho de capital obtido nas operações de transferência de imóveis desapropriados para fins de reforma agrária - art. 423.
d) Acréscimo do valor de patrimônio líquido de investimento, decorrente de ganho de capital por variação na percentagem de participação no capital social de controlada ou coligada - art. 428.
e) Capital das apólices de seguros ou pecúlio em favor da empresa, pago por morte do sócio segurado - art. 445.

2.3.2.2. Receitas cuja tributação pode ser diferida

As receitas ou incentivos adiante deverão ser controlados na Parte B do Lalur, em folha específica, se excluídos na apuração do lucro real:

a) Lucro decorrente de contratos com entidades governamentais, proporcionalmente à receita não recebida - art. 409.

b) Venda de bens do ativo permanente para recebimento do preço, no todo ou em parte, após o término do ano-calendário seguinte ao da contratação - art. 421.

c) Ganho de capital obtido na desapropriação de bens, nas condições do art. 422.

d) Depreciação acelerada incentivada, nas condições dos arts. 313 a 323.

2.3.2.3. Sentença definitiva: tributos com exigibilidade suspensa

No momento em que houver a sentença definitiva da lide dos tributos com exigibilidade suspensa nos termos dos incisos II a IV do art. 151 da Lei nº 5.172/66 - Código Tributário Nacional (CTN), haja ou não depósito judicial, exclui-se o saldo respectivo controlado em folha específica na parte B do Lalur.

Para as empresas do lucro presumido, a oportunidade gira em torno da análise de eventual benefício fiscal que, porventura, reduza a presunção do lucro, como é o caso dos serviços hospitalares.

Assim, sempre que se estiver à frente desse trabalho, para empresas que optam por esse regime de tributação, deve-se verificar sua atividade e buscar na legislação e/ou jurisprudência o tratamento tributário que lhe é destinado.

Além disso, há outras possiblidades de buscar benefícios fiscais nesta etapa para as empresas optantes pelo regime de tributação do lucro real.

2.3.2.4. Programa de Alimentação do Trabalhador – PAT

Regulamentado pela Lei nº 6.321/76 e pelo art. 5º da Lei nº 9.532/77, o PAT foi uma iniciativa criada para beneficiar os trabalhadores de modo geral, além de trazer algumas regras sobre o trabalho remoto.

Como incentivo às empresas, a legislação prevê que o dobro das despesas relativas à alimentação ao trabalhador, desde que devidamente inscritas no programa, pode ser deduzido do lucro tributável, em cada exercício financeiro, para fins de apuração de Imposto de Renda, não podendo exceder a 4% do valor correspondente ao referido lucro tributável.

Ocorre que o Governo Federal, por edições de normas infralegais, como decretos e instruções normativas, criou regras para suprimir esse benefício, entre as quais as tentativas de limitar a dedução aos valores pagos a título de alimentação somente para os trabalhadores que recebam até 5 salários mínimos e abranger apenas a parcela do benefício que corresponder ao valor de, no máximo, um salário mínimo.

Por intermédio de instruções normativas (p. ex., IN 267/2002), foi estabelecida, também, limitação ao aproveitamento do benefício relativa ao montante resultado do número de refeições multiplicado pelo valor de R$ 1,99.

Além disso, no decreto que regulamenta o Imposto de Renda (Decreto nº 9.580/2018), foi estabelecido que a dedução seria diretamente do valor apurado do IRPJ e não mais do lucro tributável como um todo.

Essa análise, então, visa ao ajuizamento de medida judicial para restabelecer o benefício em sua forma original, sendo certo que as diversas limitações apresentadas vêm sendo derrubadas pelos tribunais no sentido de que decretos não podem trazer inovações relativas às leis, haja vista o princípio da hierarquia das normas. TRFs da 1ª, 3ª e 4ª Regiões, por exemplo, têm decisões favoráveis aos contribuintes.

Nesse sentido, é possível, por medida judicial, garantir a integralidade do benefício, afastando as limitações impostas pelos decretos à lei. Pode o contribuinte, portanto, aproveitar a dedução do valor das despesas com o PAT do lucro tributável da empresa, tão somente observando os requisitos originalmente postos na Lei nº 6.321/76.

Nesse caso, de toda forma, é necessário refazer a apuração do Imposto de Renda da empresa para quantificar o benefício.

2.3.2.5. *Lei do Bem*

A Lei nº 11.196/2005 passou a ser conhecida como "Lei do Bem" e trata da concessão de incentivos fiscais às pessoas jurídicas que realizem Pesquisa e Desenvolvimento de Inovação Tecnológica.

É considerada o principal instrumento de estímulo às atividades de Pesquisa, Desenvolvimento e Inovação Tecnológica nas empresas, contribuindo para o desenvolvimento da capacidade técnico-produtiva e para o aumento do valor agregado da produção de bens e serviços.

Seu principal arcabouço normativo é constituído pelas seguintes regências:

a) Lei nº 11.196/2005: institui os incentivos fiscais à pesquisa, desenvolvimento e inovação tecnológica.

b) Decreto nº 5.798/2006: regulamenta a Lei nº 11.196/2005.

c) Instrução Normativa nº 1.187/2011: disciplina os incentivos fiscais previstos na Lei do Bem. A instrução normativa repetiu os conceitos anteriormente previstos na lei e no decreto, no que tange às atividades consideradas de pesquisa e desenvolvimento. Esclareceu, por outro lado, diversos procedimentos e instituiu novas exigências para utilização dos incentivos.

A própria base normativa nos apresenta os principais conceitos que deverão ser levados em consideração quando se trata do tema, no sentido de que a inovação tecnológica é a concepção de novo produto ou processo de fabricação, bem como a agregação de novas funcionalidades ou características que impliquem ganho de qualidade ou produtividade, resultando em maior competitividade no mercado.

Sobre atividades inovativas, temos que são definidas como o esforço empreendido pela empresa no desenvolvimento e implementação de produtos (bens ou serviços) e processos tecnologicamente novos ou aperfeiçoados. Esse esforço deve ser mensurável em termos monetários, por meio de estimativa dos dispêndios nessas atividades.

Por fim, a legislação indicada nos mostra que o critério básico para distinguir as atividades de P&D de outras atividades relacionadas é a presença de um apreciável elemento de novidade e a resolução de problemas científicos e tecnológicos, quando a sua solução não seja aparente para alguém familiarizado com o estoque de conhecimentos básicos daquela área (binômio problema - solução tecnológica).

A mensuração das atividades de P&D será realizada por meio dos dispêndios e do número de pessoas dedicadas a essa atividade.

Os principais requisitos para que as empresas venham a se beneficiar das reduções previstas em lei são:

a) regime de apuração do IRPJ/CSLL com base no lucro real;
b) lucro fiscal no exercício;
c) regularidade fiscal.

Observados os conceitos e requisitos legais até o momento, as empresas estarão diante dos seguintes benefícios:

a) dedução adicional de 60 a 80% dos dispêndios gastos em PD&I, que pode chegar até 34% na apuração do IRPJ ou CSLL;
b) reduções adicionais para os dispêndios em projetos que geram patentes e cultivares;
c) redução adicional de 50 a 250% dos dispêndios em PD&I para projetos em parceria com institutos de ciência e tecnologia e universidades;
d) redução de 50% no IPI na compra de máquinas e equipamentos destinados à PD&I;
e) depreciação integral e amortização acelerada dos bens e intangíveis vinculados às atividades de PD&I;
f) redução a zero do IRRF incidente sobre remessas ao exterior para manutenção de marcas, patentes e cultivares.

2.3.2.6. *Incentivo cultural e artístico*

A Lei Federal de Incentivo à Cultura (Lei nº 8.313/91), conhecida também por Lei Rouanet, é a lei que institui políticas públicas para a cultura nacional, como o Programa Nacional de Apoio à Cultura (Pronac), com o objetivo de proteção e valorização das expressões culturais nacionais.

A contrapartida trazida pelo dispositivo é uma política de incentivos fiscais que possibilita às empresas (pessoas jurídicas) e aos cidadãos (pessoa física) aplicarem uma parte do IR devido em ações culturais.

Os percentuais variam entre 6% do IRPF para pessoas físicas e 4% de IRPJ para pessoas jurídicas.

Para as pessoas jurídicas que apuram o Imposto de Renda com base no lucro real, é permitida a dedução das doações efetuadas em favor de projetos culturais e artísticos, doações a instituições de ensino e pesquisa, doações a entidades civis que prestem serviços gratuitos e doações ao Fundo dos Direitos da Criança, respeitando o limite de dedutibilidade estipulado em lei (art. 377 do RIR/2018).

2.3.2.7. *Doações x patrocínios*

Os tipos de doações serão tratados de maneira distinta, ou seja, considera-se patrocínio a transferência gratuita, em caráter definitivo, à pessoa física ou jurídica de natureza cultural, com ou sem fins lucrativos, de numerário para a realização de projetos culturais, com finalidade promocional e institucional de publicidade, a cobertura de gastos ou a utilização de bens móveis ou imóveis, do patrimônio do patrocinador, sem a transferência de domínio.

As doações e os patrocínios em favor de projetos culturais somente poderão se beneficiar do incentivo fiscal se o projeto tiver sido previamente aprovado pelo Ministério da Cultura, observando-se que a aprovação de projetos e sua publicação no *Diário Oficial da União* deverão conter:

a) o título do projeto;
b) a instituição beneficiária de doação ou patrocínio;
c) o valor máximo autorizado para captação;
d) o prazo de validade da autorização; e
e) o dispositivo legal (arts. 18 ou 26 da Lei nº 8.313/91, com a redação dada pelo art. 53 da Medida Provisória nº 2.228-1/2001) relativo ao segmento objeto do projeto cultural.

Não poderá ser beneficiária por doações ou patrocínios pessoa física ou jurídica vinculada ao doador ou patrocinador, considerando-se como tal:

a) a pessoa jurídica da qual o doador ou patrocinador seja titular, administrador, gerente, acionista ou sócio, na data da operação, ou nos 12 meses anteriores;
b) o cônjuge, os parentes até o terceiro grau, inclusive os afins, e os dependentes do doador ou patrocinador ou dos titulares, administradores, acionistas ou sócios de pessoa jurídica vinculada ao doador ou patrocinador, nos termos da letra "a";
c) outra pessoa jurídica da qual o doador ou patrocinador seja sócio.

Não se consideram vinculadas as instituições culturais sem fins lucrativos, criadas pelo doador ou patrocinador, desde que devidamente constituídas e em funcionamento, na forma da legislação em vigor.

Vale observar que somente poderão ser beneficiários de recursos incentivados projetos culturais que visem à exibição, utilização e circulação pública dos bens culturais deles resultantes, vedada a concessão de incentivo a obras, produtos, eventos ou outros decorrentes, destinados ou circunscritos a circuitos privados ou a coleções particulares.

2.3.2.7.1. Critérios

As pessoas jurídicas tributadas com base no lucro real que realizarem doações ou patrocínios em favor de projetos culturais devidamente aprovados na forma da regulamentação do Programa

Nacional de Apoio à Cultura (Pronac) poderão deduzir do Imposto de Renda devido as contribuições efetivamente realizadas no período de apuração.

As doações e patrocínios efetuados no período de apuração em favor de projetos culturais previamente aprovados pelo Ministério da Cultura ou pela Agência Nacional do Cinema (Ancine), observada a legislação de concessão dos projetos, devem obedecer a um dos seguintes critérios:

I - **Projetos aprovados nos termos dos arts. 25 e 26 da Lei nº 8.313, de 1991:** nesse caso, a pessoa jurídica poderá deduzir o valor das doações ou patrocínios como despesa dedutível do Lucro Real e diretamente do IRPJ devido, respeitando o seguinte limite:

a) 40% do somatório das doações;

b) 30% do somatório dos patrocínios.

II - **Projetos aprovados nos termos § 6º do art. 39 da Medida Provisória nº 2.228-1, de 2001, ou nos termos do art. 18 da Lei nº 8.313, de 1991, com alterações promovidas pelo art. 1º da Lei nº 9.874, de 1999, e pelo art. 53 da MP nº 2.228-1, de 2001, com a redação dada pela Lei nº 10.454, de 2002:** nesse caso, as despesas com doações ou patrocínios não podem ser deduzidas na apuração do lucro real, no entanto a dedução diretamente do IRPJ devido pode ser descontada integralmente.

2.3.2.7.2. Incentivo fiscal

As pessoas jurídicas tributadas com base no lucro real poderão, respeitado o limite de 4% do imposto normal devido, deduzir diretamente do Imposto de Renda devido importância correspondente a até:

I - 40% do valor das doações e 30% do valor dos patrocínios realizados no período de apuração do imposto, em favor de projetos culturais previamente aprovados pelo Ministério da Cultura, com base no art. 26 da Lei nº 8.313/91;

II - 100% do valor das doações e patrocínios realizados no período de apuração do imposto, em favor de projetos culturais previamente aprovados pelo Ministério da Cultura, com base no art. 18 da Lei nº 8.313/91, alterado pela Medida Provisória nº 2.228-1/2001, que atenderem aos seguintes segmentos:

a) artes cênicas;

b) livros de valor artístico, literário ou humanístico;

c) música erudita ou instrumental;

d) circulação de exposições de artes visuais;

e) doações de acervos para bibliotecas públicas, museus, arquivos públicos e cinematecas, bem como treinamento de pessoal e aquisição de equipamentos para a manutenção desses acervos;

f) produção de obras cinematográficas e videofonográficas de curta e média metragem e preservação e difusão do acervo audiovisual;

g) preservação do patrimônio cultural material e imaterial.

Os valores deverão ser contabilizados como despesa operacional, devendo ser adicionados ao Lalur para fins de cálculo do Imposto de Renda e também à base de cálculo da Contribuição Social sobre o Lucro Líquido (art. 62 da IN 1.700/2017).

A dedução do incentivo relativo a doações e patrocínios culturais fica limitada a 4% do imposto normal devido, observado o seguinte:

I - a dedução desse incentivo, conjuntamente com a dedução do incentivo relativo a investimentos em projetos de produção audiovisual, não poderá exceder a 4% do imposto normal devido;

II - no caso de empresa submetida à apuração anual do lucro real (art. 9º da IN SRF 93/97):

a) a parcela do incentivo que exceder o limite de 4% do imposto normal devido no mês em que forem realizadas as doações ou os patrocínios poderá ser deduzida nos meses seguintes, até dezembro do mesmo ano, sempre respeitado esse limite;

b) do imposto devido sobre o lucro real anual poderá ser deduzido o incentivo calculado com base nas doações e nos patrocínios realizados no ano-calendário, até o limite de 4% do imposto anual;

c) o valor do incentivo que não puder ser aproveitado no ano-calendário da realização das doações e dos patrocínios, em face da limitação, não poderá ser deduzido do imposto devido em ano-calendário subsequente.

2.3.2.7.3. Comprovação de doações e patrocínios

A pessoa física ou jurídica responsável pelo projeto cultural aprovado deverá emitir comprovantes, sob a forma e modelo definidos pela Secretaria respectiva (Audiovisual, Livro e Leitura, Músicas e Artes Cênicas, Patrimônio, Museus e Artes Plásticas), em favor do doador ou patrocinador, devidamente firmados em três vias, que terão a seguinte destinação:

a) a primeira via deverá ser entregue ao doador ou patrocinador para efeito do benefício fiscal;

b) a segunda via deverá ser encaminhada à Secretaria respectiva (Audiovisual, Livro e Leitura, Músicas e Artes Cênicas, Patrimônio, Museus e Artes Plásticas), no prazo de 5 dias após a efetivação da operação;

c) a terceira via deverá ficar em poder do responsável pelo projeto cultural por um prazo não inferior a 5 anos, para fins de fiscalização.

O comprovante deverá conter:

a) nome do projeto;

b) data da publicação de sua aprovação no *Diário Oficial da União*;
c) nome da pessoa física ou jurídica responsável pelo projeto, número de sua inscrição no CPF ou no CNPJ e endereço completo;
d) tipo de operação (doação ou patrocínio);
e) valor da operação em reais, correspondente ao período da doação ou do patrocínio;
f) data da operação, no caso de contribuição em bens e serviços;
g) data do depósito bancário, nome do banco e número da conta bancária do responsável pelo projeto, no caso de contribuição em espécie;
h) nome do doador ou patrocinador, número de sua inscrição no CNPJ ou no CPF e endereço completo;
i) assinatura do responsável pelo projeto ou, quando se tratar de pessoa jurídica, de seu representante legal, com indicação do nome, cargo e CPF.

2.3.2.7.4. Cálculo do incentivo

A título de exemplo prático, suponha-se que, no mês de agosto de 2021, uma empresa optante pelo pagamento mensal do imposto por estimativa tenha apurado base de cálculo do imposto na importância de R$ 3.000.000,00 e realizou dispêndios em favor de projetos culturais previamente aprovados pelo Ministério da Cultura com base no art. 26 da Lei nº 8.313/91, nos seguintes valores:

- **doações: .... R$ 40.000,00;**
- **patrocínios: .... R$ 40.000,00.**

Nesse caso, tem-se:

I – Determinação da parcela incentivada dos dispêndios pagos:

- **doações: 40% de R$ 40.000,00 .... = R$ 16.000,00;**
- **patrocínios: 30% de R$ 40.000,00 .... = R$ 12.000,00;**
- **soma .... = R$ 28.000,00.**

II - IRPJ devido no mês:

- **imposto normal: 15% s/ R$ 3.000.000,00 = R$ 450.000,00;**
- **adicional: 10% s/ R$ 2.980.000,00...... = R$ 298.000,00;**
- **soma.. = R$ 748.000,00.**

III - Limite de dedução do incentivo no mês:

- **4% de R$ 450.000,00 (imposto normal devido) = R$ 18.000,00.**

IV - Incentivo aproveitável no mês (I ou III, o que for menor): R$ 18.000,00.

V - Excedente dedutível nos meses seguintes até dezembro/2001 (dentro do limite de 4% do imposto normal devido):

- **R$ 28.000,00 - R$ 18.000,00 = R$ 10.000,00.**

2.3.2.8. Tratamento dos dispêndios para fins de apuração do lucro real

Para fins de determinação do lucro real, o valor de doações e patrocínios realizados terá o seguinte tratamento:

a) as doações (40%) e os patrocínios (30%) em favor dos projetos culturais são integralmente dedutíveis como despesa operacional, sem prejuízo do aproveitamento do incentivo fiscal nas condições informadas nos subitens anteriores;

b) as doações e os patrocínios (100%) em favor de produção cultural não poderão ser deduzidos como despesa operacional, ou seja, deverão ser adicionados ao lucro líquido, para fins de determinação do lucro real.

Assim, as pessoas jurídicas tributadas com base no lucro real que realizarem doações em favor de projetos culturais devidamente aprovados poderão deduzir do Imposto de Renda devido as contribuições realizadas no período de apuração, respeitando o limite de 4% do imposto devido.

2.4. 4° MÓDULO: REVISÃO DA FOLHA DE PAGAMENTO

Nesta etapa, será realizada a revisão da folha de pagamento e das rubricas, com a conferência do recolhimento dos impostos trabalhistas, visando à revisão da carga previdenciária, para diminuição e recuperação de valores pagos de maneira indevida, bem como a devida adequação às exigências trabalhistas vigentes.

A revisão consiste na análise pontual e minuciosa da operacionalização da folha de pagamento, desde a análise das atividades desempenhadas até suas especificidades e o recolhimento do INSS, FGTS e IRRF.

Assim, será possível identificar erros devidos a alíquotas desatualizadas que geram cálculos errôneos de tributos, o que pode acarretar a inconsistência de informação na folha. A revisão observa se as verbas estão sendo pagas de acordo com a legislação vigente - CLT -, bem como com outros preceitos definidos em acordo ou convenção coletiva e, também, de acordo com as normas previstas nas profissões regulamentadas.

Alguns dos levantamentos que serão realizados nesta etapa:

a) Exclusão de verbas indenizatórias da base de cálculo da Contribuição Previdenciária Patronal (CPP), em âmbito administrativo, ou seja, assim reconhecido pela Receita Federal do Brasil.

b) Exclusão de verbas indenizatórias da base de cálculo da CPP, em âmbito contencioso, com aceitação do Judiciário, conforme jurisprudência.

c) Análise de CNAE Preponderante, uma vez que cada CNAE possui uma alíquota correspondente de Riscos no Ambiente do Trabalho (RAT), podendo ser de 1, 2 ou 3%. Deve-se atentar para o fato de que, normalmente por descuido, as empresas indicam o CNAE Principal como sendo, também, o CNAE Preponderante. Porém, o CNAE Principal pode ter uma alíquota de RAT superior ao CNAE Preponderante. Nesta análise deve-se verificar onde está inserida a maior "massa salarial" da empresa e se há identidade com o CNAE constante da Guia de Recolhimento do FGTS e de Informações à Previdência Social - GEFIP. Havendo qualquer incompatibilidade que porventura impacte a alíquota correspondente ao RAT, deve-se seguir a análise para o aproveitamento de eventual benefício a esse respeito.

d) Análise do Fator Acidentário de Prevenção (FAP), que é um multiplicador, atualmente calculado por estabelecimento, que varia de 0,5000 a 2,0000, a ser aplicado sobre as alíquotas de 1, 2 ou 3 do RAT, para alcançar, então o que se chama de RAT ajustado. O FAP varia anualmente. É calculado sempre sobre os dois últimos anos de todo o histórico de acidentalidade e de registros acidentários da Previdência Social. O referido multiplicador é composto por informações oriundas de comunicações de acidente do trabalho, benefícios previdenciários concedidos, massa salarial, número médio de vínculos e taxa de rotatividade. Nesta etapa serão colhidas informações para, eventualmente, contestar esse multiplicador e expor uma redução no montante a ser pago sobre os tributos incidentes sobre a folha de pagamento.

Após as fases de revisões e levantamentos, é de suma importância que os valores identificados das chamadas oportunidades sejam operacionalizados por meio do procedimento de restituição e/ou compensações, utilizando o sistema eletrônico disponibilizado pela Receita Federal.

2.4.1. Pedidos Eletrônicos de Restituição e Compensação (PER/DCOMP)

Os objetivos do Pedido de Restituição são centralizar a informação e formalizar o procedimento de Pedido Eletrônico de Restituição (PER). Essas tarefas se aplicam perante o programa da Receita Federal do Brasil - PER/DCOMP Web. Para elaborar o PER, são necessários os seguintes dados:

a) acesso ao certificado digital de quem tenha procuração para acesso ao E-CAC do cliente;

b) CNPJ da empresa.

Uma vez recebidos os documentos supracitados, serão iniciados os procedimentos do processamento do PER.

2.4.1.1. Passo a passo – Pedido Eletrônico de Restituição (PER)

- Acesse o *site* da Receita Federal (https://cav.receita.fazenda. gov.br/autenticacao/login).
- Clique em "Certificado Digital".

A Figura 6 ilustra o menu de acesso ao e-CAC.

Figura 6 – Menu de acesso ao e-CAC

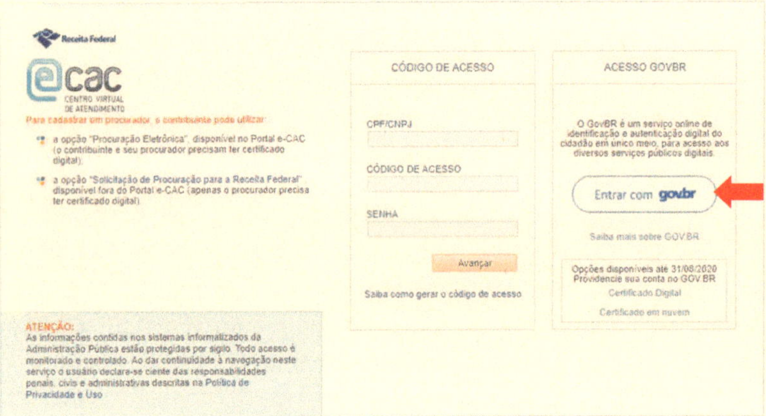

Fonte: https://cav.receita.fazenda.gov.br/autenticacao/login.

- Selecione o certificado digital, conforme a Figura 7.

Figura 7 – Acesso via Certificado Digital

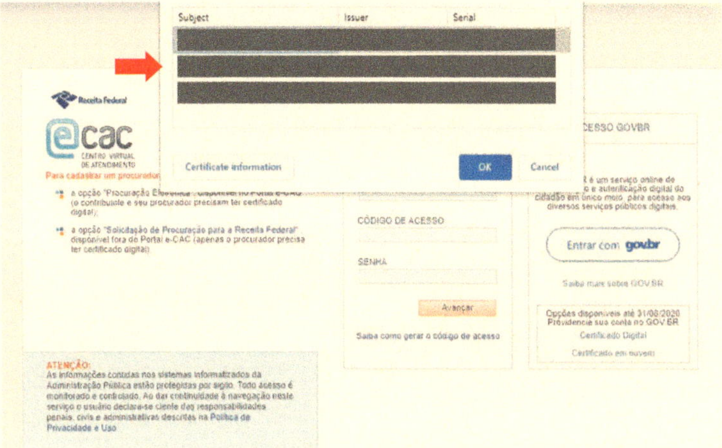

Fonte: https://cav.receita.fazenda.gov.br/autenticacao/login.

- No canto superior direito da tela, clique em "alterar perfil de acesso", como mostra a Figura 8.

Figura 8 – Alteração no perfil de acesso

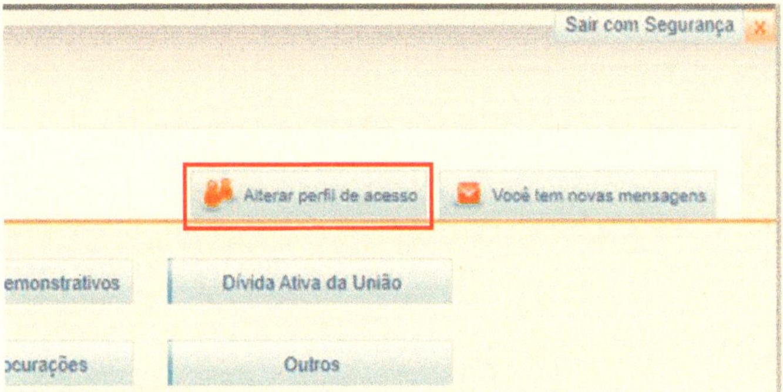

Fonte: https://cav.receita.fazenda.gov.br/autenticacao/login.

- Automaticamente surgirá a tela a seguir, na qual se deve digitar o CNPJ da empresa no campo "Procurador de pessoa jurídica - CNPJ", conforme a Figura 9.

Figura 9 – Identificação do CNPJ de acesso

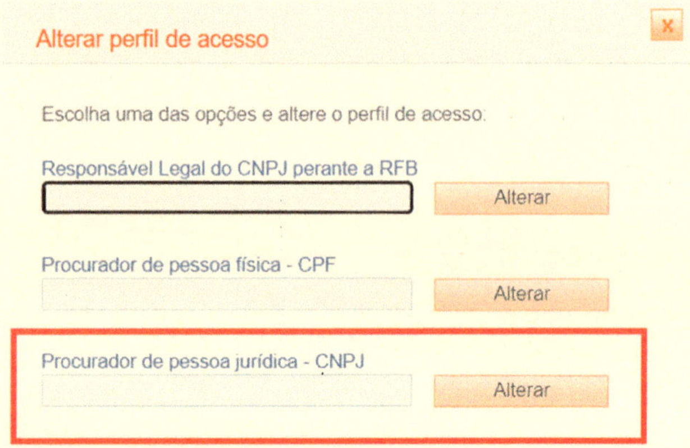

Fonte: https://cav.receita.fazenda.gov.br/autenticacao/login.

- Em seguida, aparecerá a seguinte tela (Figura 10). Clique em "Restituição e Compensação" e, posteriormente, em "Acessar PER/DCOMP Web".

Figura 10 – Aplicação e acesso ao PER/DCOMP Web

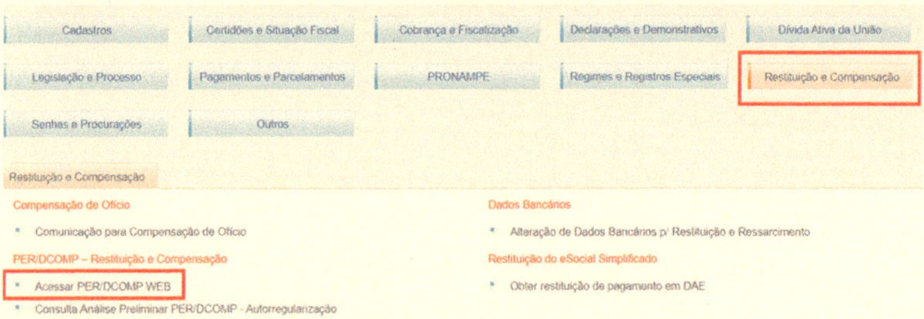

Fonte: https://cav.receita.fazenda.gov.br/autenticacao/login.

- Clique em "Pedido de Restituição", como mostra a Figura 11.

Figura 11 – Tela inicial de acesso ao PER

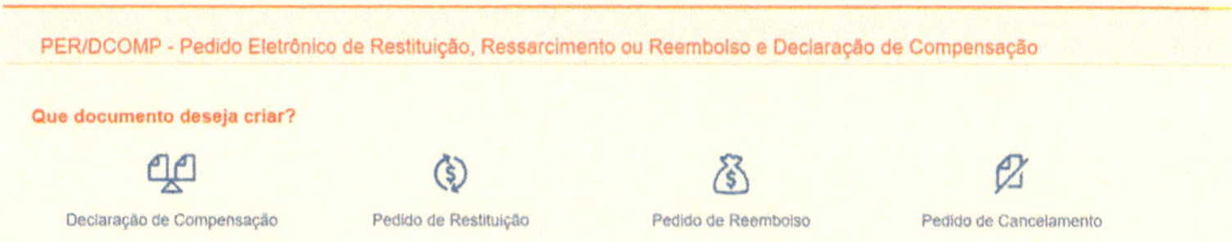

Fonte: https://cav.receita.fazenda.gov.br/autenticacao/login.

- Se o “PER” for original, clique em “Não”, mas, caso exista um PER anterior com as mesmas características (mesma competência, CNPJ e tipo de crédito), o documento será retificador, portanto clique em “Sim” e informe o número do PER apontado. Aparecerá a tela mostrada na Figura 12, cujo preenchimento deverá ser feito da seguinte forma:
  a) selecione o tipo de crédito;
  b) identifique o nome pelo apelido;
  c) selecione a qualificação do contribuinte;
  d) selecione o detalhamento do crédito;
  e) marque se pessoa jurídica extinta por liquidação voluntária.
- Clique em “Prosseguir”.

Figura 12 – Exemplo de preenchimento inicial

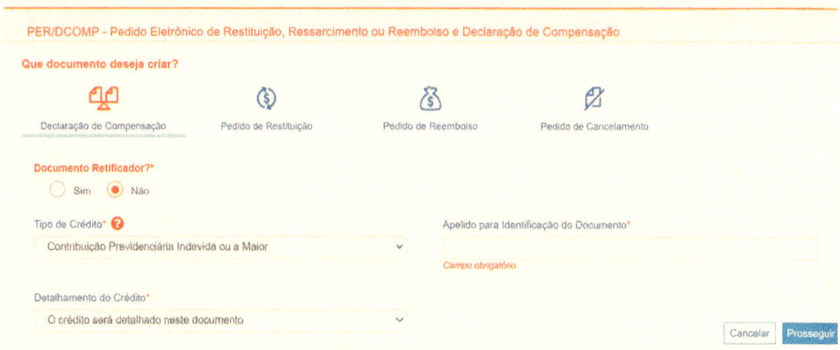

Fonte: https://cav.receita.fazenda.gov.br/autenticacao/login.

Nota: as figuras a seguir mostram a sequência do procedimento.

- Automaticamente, aparecerá a seguinte tela. Clique em "Não" e depois em "OK".

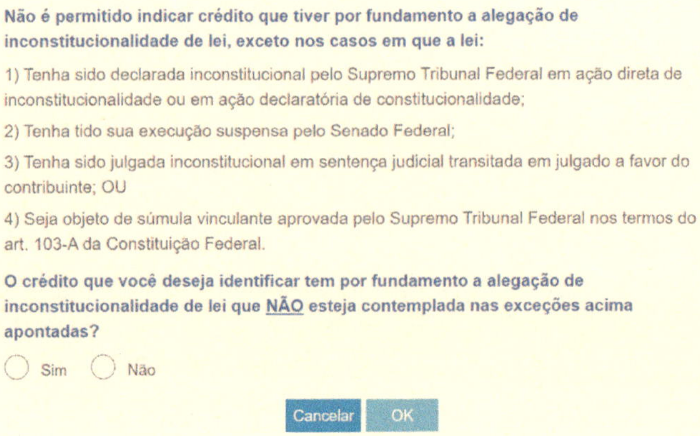

- Na tela seguinte, preencha os campos conforme as instruções:
  a) Detentor do Crédito;
  b) CNPJ do Detentor;
  c) Ano da Competência;
  d) Mês da Competência;
  e) Recolhimento Efetuado em Matrícula CEI?

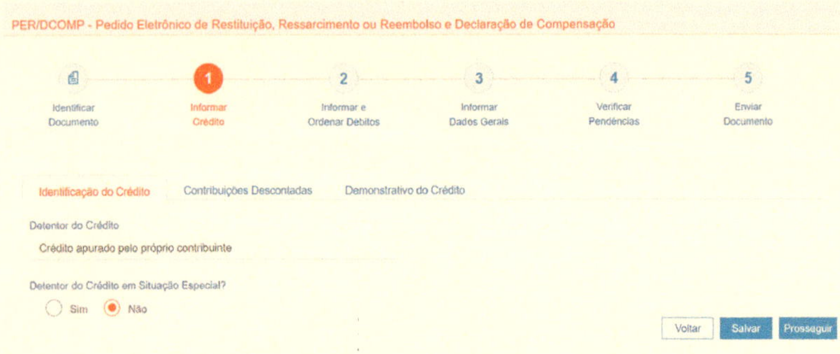

- Clique em "Prosseguir".
- Na tela seguinte, preencha os campos conforme a instrução e clique em "Prosseguir":

- Valor Original do Crédito Inicial.

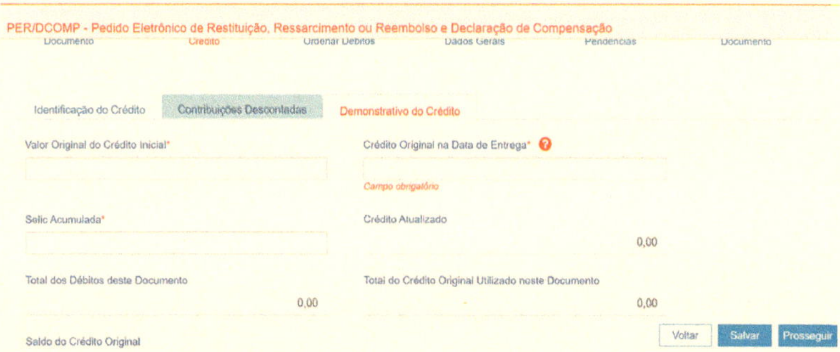

- Prosseguindo, informe os dados gerais. As informações do responsável da pessoa jurídica perante a RFB (CPF e nome) virão preenchidas automaticamente.

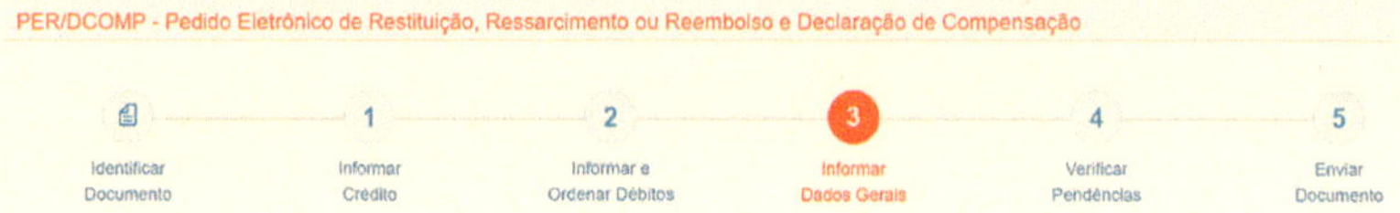

Dessa forma, basta informar o CPF do responsável pelo preenchimento e os dados bancários, de acordo com os dados do cliente que serão disponibilizados.

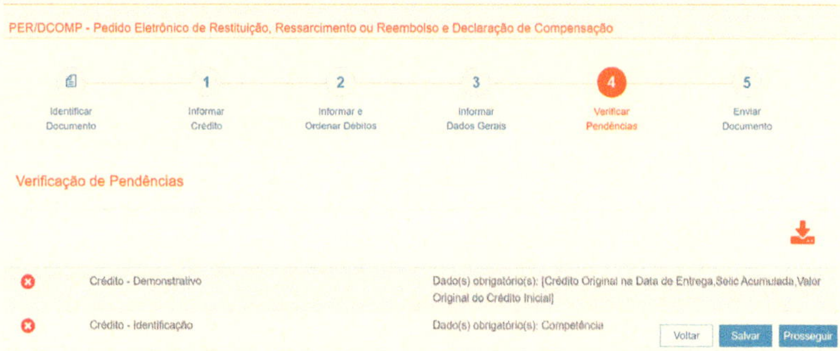

- Ao clicar em "Prosseguir", aparecerá a tela de verificação de pendências. Após a conferência, basta clicar em enviar para "Prosseguir" com a transmissão do PER.

- Ao clicar em "Enviar", será apresentada uma mensagem de confirmação.
- Se quiser conferir novamente as pendências, clique em "Sim". Caso contrário, clique em "Não".

Por fim, ao clicar em sim, o documento será transmitido diretamente para a RFB. Automaticamente, uma tela surgirá, contendo o número do PER transmitido e com a opção de imprimir o recibo. Feito isso, clicar em "Imprimir recibo".

2.4.2. DCOMP

Tem por objetivos centralizar informação e formalizar o procedimento de Declaração de Compensação (DCOMP).

Para o pedido de declaração de compensação serão necessários os seguintes dados:

a) Acesso ao certificado digital de quem tenha procuração para acesso ao e-CAC do cliente.

b) Número do CNPJ da empresa.

Uma vez recebidos os documentos supracitados, passa-se ao processamento da DCOMP.

2.4.2.1. Passo a passo – Declaração de Compensação (DCOMP)

- Acesse o *site* https://cav.receita.fazenda.gov.br/autenticacao/login.

- Clique em “Certificado Digital”.

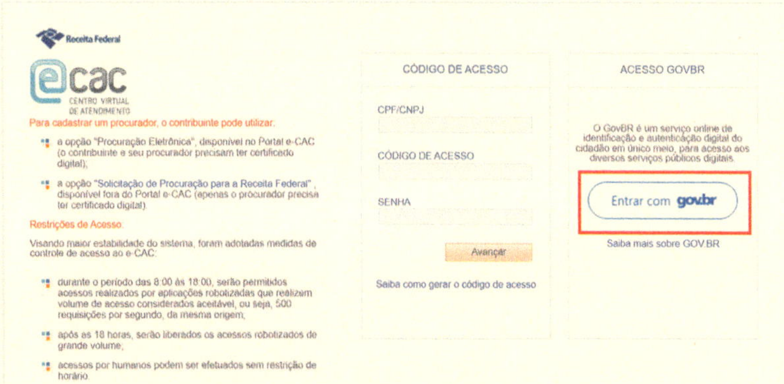

- Selecione o certificado digital.

- No canto superior direito da tela, clique em “Alterar perfil de acesso”.

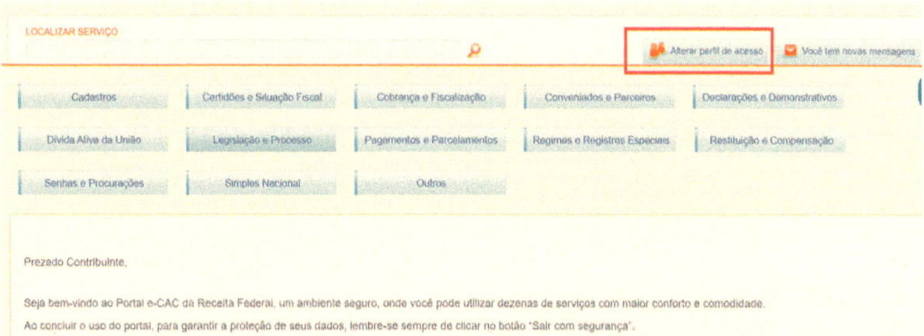

- Aparecerá a seguinte tela, na qual se deve digitar o CNPJ da empresa no campo "Procurador de pessoa jurídica – CNPJ".

- Clique em "Restituição e Compensação", na tela que aparecerá a seguir.

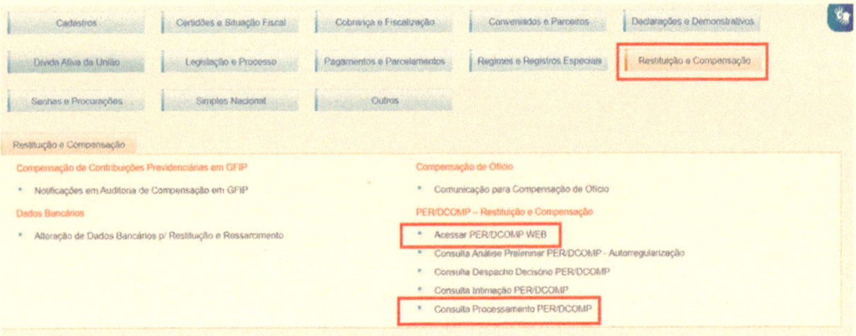

- Clique em "Declaração de Compensação".
- "Documento identificador" – clique SEMPRE em "Não".
- Na tela seguinte, preencha os campos conforme as instruções:
  a) selecione o tipo de crédito;
  b) apelido para identificação do documento;

c) selecione a qualificação do contribuinte;

d) selecione o detalhamento do crédito;

e) número do PERDCOMP anterior que detalha o crédito.

- Clique em “Prosseguir”. Automaticamente, surgirá a seguinte tela:

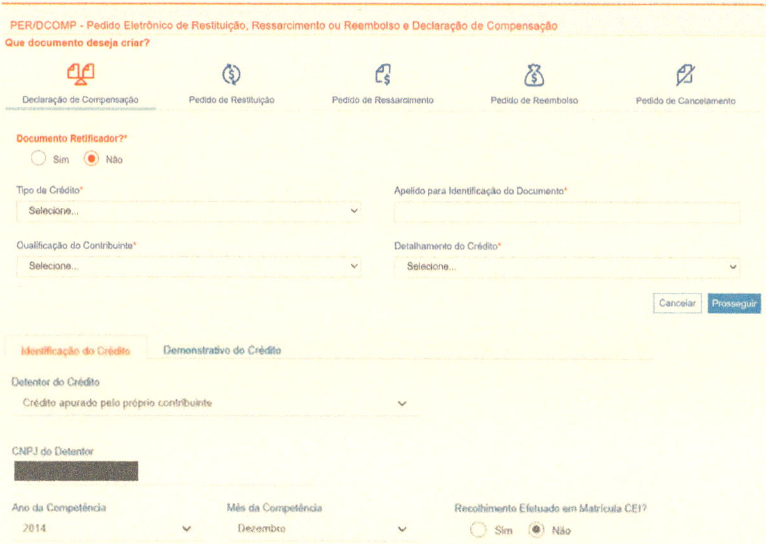

- Na tela seguinte, preencha somente os campos:

a) “Crédito Original na Data de Entrega”.

b) “Selic Acumulada”.

- Confira se o valor do crédito está atualizado. Caso esteja tudo correto, clique em "Prosseguir".
- Clique em "Importar Débitos da DCTFWeb".

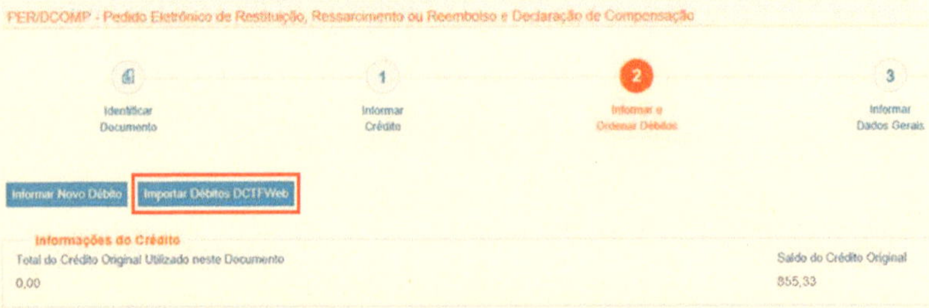

Aparecerá a tela a seguir, cujo preenchimento deverá observar as seguintes instruções:

- Tipo de débito:
  a) CNPJ;
  b) categoria;
  c) ano de apuração;
  d) mês de apuração.

- Na tela relativa às "Declarações Localizadas", preencha somente a data de vencimento – preencha o campo dia, sempre como dia 20. O mês e o ano serão o ano/mês corrente.

IMPORTANTE: se naquele mês o dia 20 cair em dia não útil (sábado, domingo ou feriado nacional), informar a data do primeiro dia útil anterior.

- Digite os valores a compensar.

- Clique no símbolo do lápis.

- Confira todos os valores. Caso esteja tudo correto, clique em “Confirmar”.

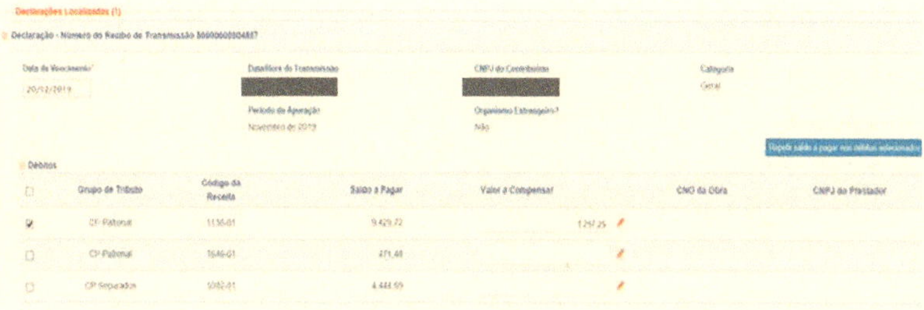

- Nesse momento, confira se não há erros. Havendo, clique no símbolo do lápis e altere. Não havendo, clique em “Prosseguir”.

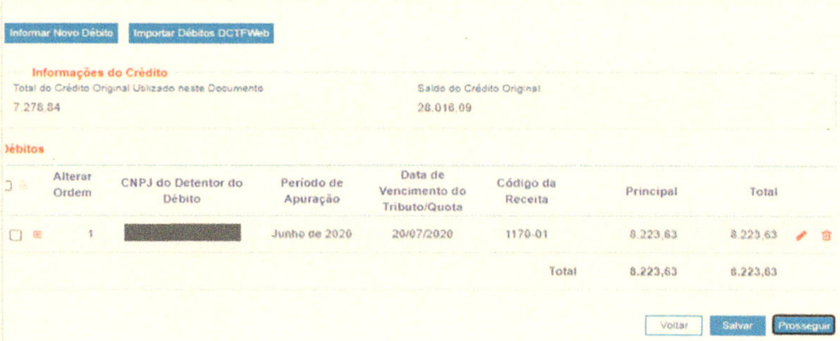

- Prosseguindo, informe os dados gerais. As informações do responsável da pessoa jurídica perante a RFB (CPF e nome) virão preenchidas automaticamente. Dessa forma, basta informar o CPF do responsável pelo preenchimento, de acordo com os dados que serão disponibilizados pelo cliente.

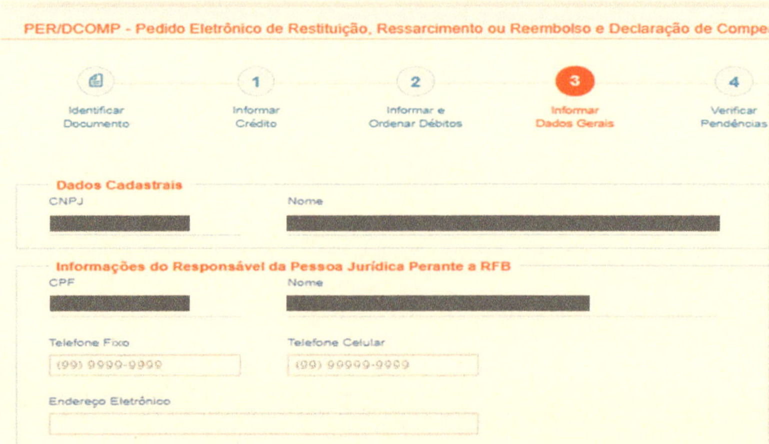

- Ao clicar em "Prosseguir", aparecerá a tela de verificação de pendências, informando que o documento está apto para envio.

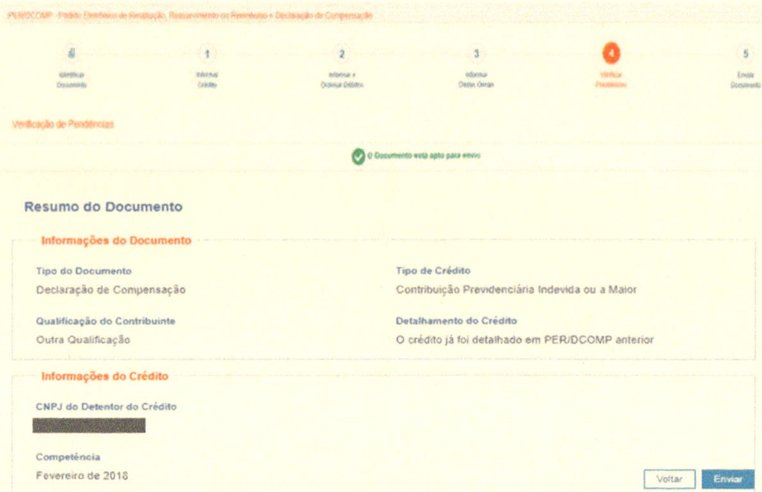

- Automaticamente, a tela a seguir surgirá, contendo o número da DCOMP transmitida e com a opção de imprimir o recibo. Clique em "Imprimir Recibo".

2.5. 5° MÓDULO: OPORTUNIDADES TRIBUTÁRIAS – CONTENCIOSO E DÍVIDAS

No 5° e penúltimo módulo, serão levantadas as oportunidades tributárias que, eventualmente, possam gerar crédito para a empresa, seja por meio de entendimentos jurisprudenciais, seja em razão do posicionamento das autoridades administrativas.

Nesse sentido, considerando as atividades exercidas pela empresa e o regime de tributação no qual está inserida, são indicadas as oportunidades para ela em âmbito judicial e administrativo.

Para que possa fazer a análise correta, é imprescindível que o profissional esteja atento e atualizado em relação às discussões na seara tributária que tramitam nos tribunais brasileiros e em âmbito administrativo.

Aconselha-se, por exemplo, que os advogados tenham mapeadas todas as teses que estão em debate. É imprescindível que se vincule cada uma delas a um grau de importância e plausibilidade, considerando os riscos, as principais decisões favoráveis e desfavoráveis, bem como sua aplicabilidade para os diferentes segmentos de mercado e regimes de tributação.

Ainda neste módulo, será analisada a existência de dívidas, seja no âmbito da Receita Federal do Brasil ou no da Procuradoria-Geral da Fazenda Nacional (PGFN). Nesse caso, o procedimento consiste em pesquisa e levantamento de débitos tributários.

Depois de realizado esse levantamento e identificados os débitos, será feita a qualificação deles, de acordo com seu *status* atual, separando os administrados pela RFB daqueles inscritos em dívida ativa da União (DAU).

Isso porque as oportunidades existentes, tanto de parcelamentos de débitos quanto de transação, variam de acordo com cada órgão. A RFB, por exemplo, disponibiliza as oportunidades de parcelamento em seu sítio eletrônico,[3] subdividindo-as em diferentes modalidades.

Da mesma forma, a PGFN disponibiliza em seu *site*[4] diferentes modalidades de parcelamento, ora segregando-as por segmento de atuação (saúde, agricultura etc.), ora por regime de tributação ou origem do débito.

Além disso, a Receita Federal autoriza o parcelamento convencional com a exigência ou não de garantias de pagamento. As possibilidades são as seguintes:

a) Parcelamento sem garantia: para saldo devedor a ser parcelado (uma ou mais inscrições) igual ou inferior a R$ 15 milhões.
b) Parcelamento com garantia: para saldo devedor a ser parcelado (uma ou mais inscrições) superior a R$ 15 milhões.

A PGFN, por meio de seu *site*, também permite a transação de débitos. Esse serviço possibilita ao contribuinte que não cometeu fraudes e que se enquadre nas modalidades previstas na legislação regularizar sua situação fiscal perante a PGFN em condições diferenciadas.

A transação é regulada pela Lei nº 13.988/2020, que recentemente foi alterada pela Lei nº 14.375/2022. A Lei nº 13.988/2020 traz no art. 1º, § 4º, suas hipóteses de aplicação, e, no art. 2º, as modalidades de transação, que são:

- por proposta individual ou por adesão, na cobrança de créditos inscritos na dívida ativa da União, de suas autarquias e fundações públicas, na cobrança de créditos que seja da

3 Disponível em: https://www.gov.br/receitafederal/pt-br/assuntos/orientacao-tributaria/pagamentos-e-parcelamentos. Acesso em: nov. 2022.

4 Disponível em: https://www.gov.br/pgfn/pt-br/servicos/orientacoes-contribuintes/parcelamentos-1/parcelamentos-1. Acesso em: nov. 2022.

competência da Procuradoria-Geral da União, ou em contencioso administrativo fiscal;

- por adesão, nos demais casos de contencioso judicial ou administrativo tributário; e
- por adesão, no contencioso tributário de pequeno valor.

Na transação feita por adesão, o contribuinte simplesmente concorda com os termos do edital e adere à proposta, não sendo possível discutir as condições de pagamento.

Já a transação por proposta individual do contribuinte possibilita que ele apresente uma proposta de negociação, diretamente à PGFN, para regularizar os débitos inscritos em dívida ativa da União. Nessa modalidade, realmente são discutidas as condições e é feita uma análise personalizada da situação de cada contribuinte.

É imprescindível que o profissional esteja atento ao *status* dívida, para se situar e eleger a modalidade mais adequada para a solução do caso. Os débitos tributários percorrem o caminho apresentado na Figura 13.

O profissional deve verificar a existência de débitos tributários e em qual órgão esses débitos se encontram, o que pode ser feito por meio da procuração eletrônica concedida pela empresa, que dará acesso ao e-CAC e ao Regularize.[5] Acessando esse portal, que é vinculado à PGFN, também é possível solicitar a emissão da Certidão de Dívida Ativa – CDA, conforme indicado na Figura 14.

Informando o CNPJ da empresa a ser consultada, o *site* emitirá a certidão, indicando a existência ou não de débitos tributários (Figura 15).

---

[5] Disponível em: https://www.regularize.pgfn.gov.br/. Acesso em: nov. 2022.

Figura 13 – Fluxo da dívida ativa

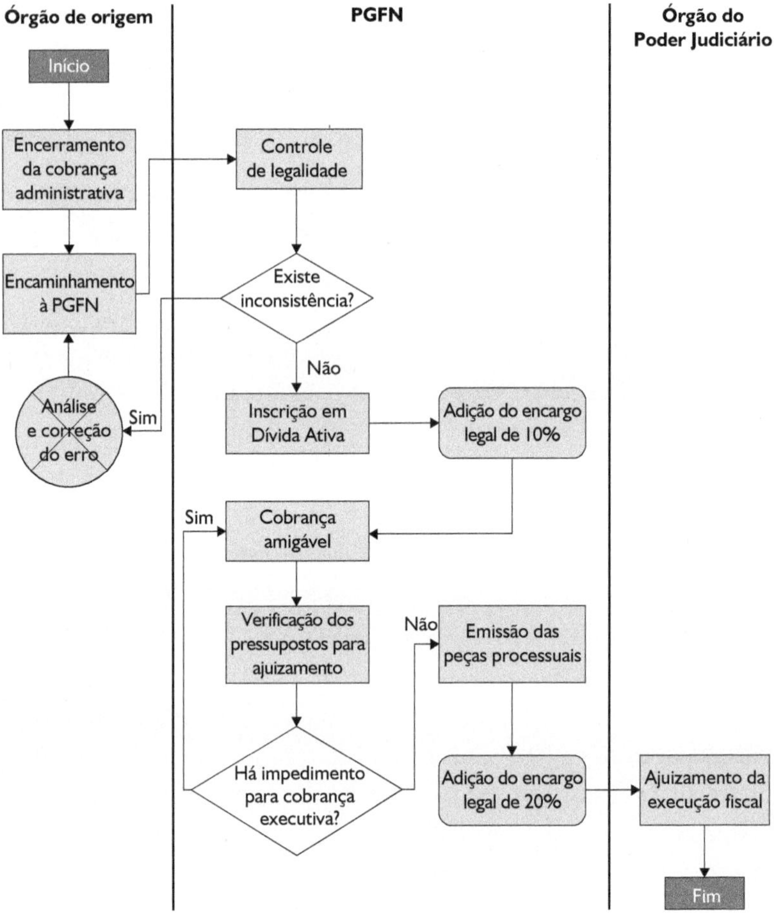

Fonte: https://www.gov.br/pgfn/pt-br/assuntos/divida-ativa-da-uniao.

Figura 14 – Caminho para emissão de Certidão de Regularidade Fiscal

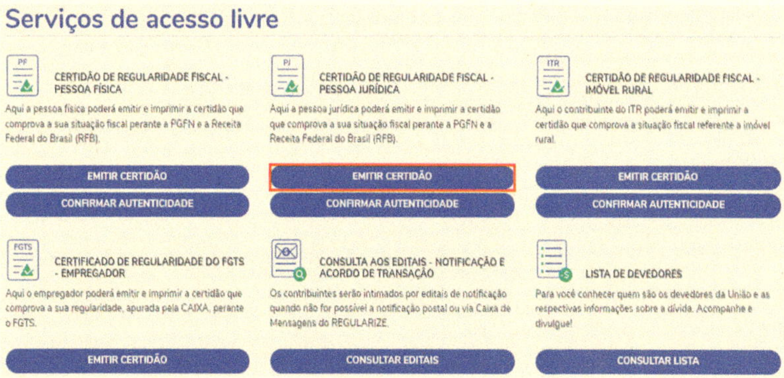

Fonte: https://www.regularize.pgfn.gov.br/.

Figura 15 – Emissão de Certidão de Regularidade Fiscal – Receita Federal

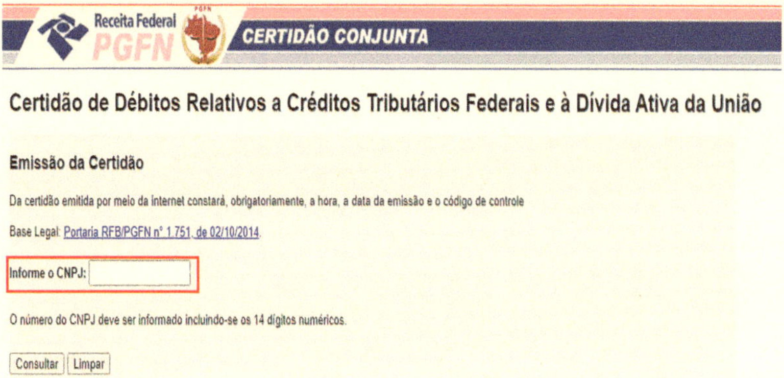

Fonte: https://solucoes.receita.fazenda.gov.br/Servicos/certidaointernet/PJ/EmitirPGFN.

A solicitação gerará uma certidão com o nome e o CNPJ da empresa e informará a existência ou não de débitos administrados pela RFB e pela PGFN. Veja-se um exemplo na Figura 16.

Figura 16 – Resultado da emissão da Certidão de Regularidade Fiscal

MINISTÉRIO DA FAZENDA
Secretaria da Receita Federal do Brasil
Procuradoria-Geral da Fazenda Nacional

CERTIDÃO POSITIVA COM EFEITOS DE NEGATIVA DE DÉBITOS RELATIVOS AOS TRIBUTOS FEDERAIS E À DÍVIDA ATIVA DA UNIÃO

Nome:
CNPJ:

Ressalvado o direito de a Fazenda Nacional cobrar e inscrever quaisquer dívidas de responsabilidade do sujeito passivo acima identificado que vierem a ser apuradas, é certificado que:

1. não constam pendências relativas aos débitos administrados pela Secretaria da Receita Federal do Brasil (RFB); e

2. constam nos sistemas da Procuradoria-Geral da Fazenda Nacional (PGFN) débitos inscritos em Dívida Ativa da União (DAU) com exigibilidade suspensa nos termos do art. 151 da Lei nº 5.172, de 25 de outubro de 1966 - Código Tributário Nacional (CTN), ou garantidos mediante bens ou direitos, ou com embargos da Fazenda Pública em processos de execução fiscal, ou objeto de decisão judicial que determina sua desconsideração para fins de certificação da regularidade fiscal.

Fonte: https://solucoes.receita.fazenda.gov.br/Servicos/certidaointernet/PJ/EmitirPgfn/ResultadoEmissao/.

O Regularize também disponibiliza a listagem dos débitos inscritos em DAU, bastando, para tanto, clicar em "Consultar lista" e preencher o campo com o CNPJ da empresa.

No caso mostrado na Figura 16, verificou-se a existência de débitos inscritos em DAU, que estão sob administração da PGFN, passíveis, por exemplo, de um acordo de transação, conforme as modalidades elencadas acima.

A transação extingue o crédito tributário, o que está previsto no art. 156 do CTN. O próprio portal Regularize, vinculado à PGFN, apresenta as informações acerca dessa possibilidade de resolução do débito (Figura 17).

Figura 17 – Acesso às modalidades de transação disponíveis

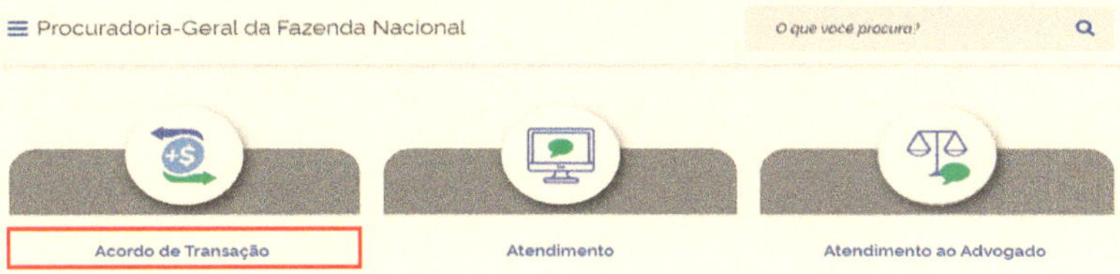

Fonte: https://www.gov.br/pgfn/pt-br/servicos/orientacoes-contribuintes.

Fazendo a opção pelo acordo de transação, o *site* direcionará o usuário para as modalidades de transação disponíveis naquela ocasião.

Clicando em uma das possibilidades, a próxima página apresentará as informações da modalidade escolhida – requisitos para enquadramento, débitos abarcados, contribuintes aptos, legislação aplicável etc. Caberá ao profissional verificar a modalidade que é mais adequada para a empresa em questão.

Após colher essas informações, o usuário já estará habilitado para prosseguir com a negociação, por meio do seguinte caminho:

Figura 18 – Acesso ao sistema de transação

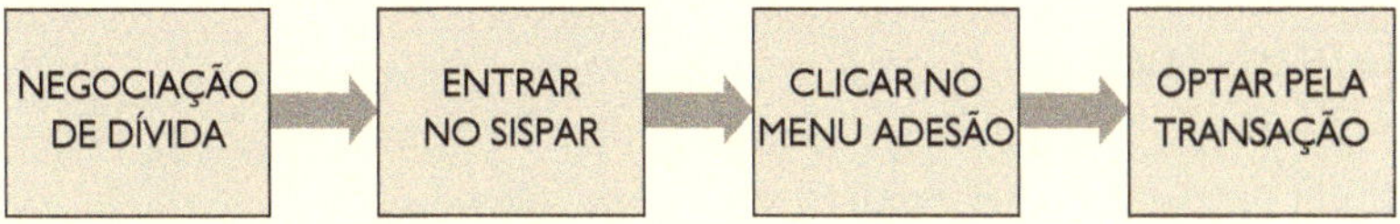

Fonte: Elaborada pelos autores.

Caso seja feita a opção pela transação individual, por exemplo, será de suma importância realizar o levantamento e o mapeamento dos débitos que se pretende incluir na transação, preparar os documentos, de acordo com o art. 36 da Portaria nº 9.917/2020, e fazer o protocolo de requerimento pelo seguinte caminho:

Figura 19 – Acesso ao sistema de transação individual

Fonte: Elaborada pelos autores.

Para essa modalidade de transação e para a celebração de negócios jurídicos processuais, a PGFN possibilita ainda a realização de uma audiência, que deve ser solicitada por um advogado, por *e-mail*, contendo (1) o formulário de solicitação preenchido, (2) cópia da carteira da OAB, (3) procuração com poderes de representação e (4) documento de identificação do devedor. Ao receber esses documentos, a PGFN informa, por *e-mail*, a data, a hora e o *link* da videoconferência.

É importante atentar para o fato de que, a lei que rege as transações sofreu alteração recentemente, em razão da publicação da Lei nº 14.375/2022, que promoveu ainda mais possibilidades e benefícios para os contribuintes. Atualmente, os descontos sobre multa e juros podem chegar a 65%, e os débitos podem ser parcelados em até 120 vezes.

Além disso, permitiu-se a utilização de precatórios e de prejuízo fiscal para quitar os créditos tributários e, ainda, os contribuintes podem ser incluídos nas propostas de acordo de transação de débitos ainda não inscritos em dívida ativa da União.

Em regra, opta-se por buscar oportunidades consolidadas, com menor risco para as empresas que estejam em processo de diagnóstico fiscal. O significado de "consolidadas" é fruto de uma análise de profissionais especializados na área do direito tributário.

É de suma importância que, tanto no âmbito judicial quanto no administrativo, independentemente da estratégia de atuação definida para o caso – identificação de oportunidades judiciais, transação, parcelamento etc. –, o profissional esteja alinhado com o seu cliente, que deve estar a par das decisões e participar delas.

Assim, para esclarecer ao cliente os pormenores de todas as oportunidades, é importante elaborar um relatório ou parecer jurídico que será apresentado aos gestores da empresa.

3

VISÃO GERAL SOBRE O DIAGNÓSTICO FISCAL

Para a realização do diagnóstico fiscal, é essencial a aplicação de uma metodologia estruturada e o uso de tecnologia adequada para a automatização dos procedimentos, tanto para evitar eventuais falhas quanto para dinamizar todo o processo.

Os programas citados neste manual são ferramentas tecnológicas imprescindíveis para a realização de auditoria das obrigações fiscal-tributárias das operações da empresa, o cruzamento das escriturações fiscais e a manipulação e consolidação dos arquivos utilizados em todo o procedimento.

Cumpridas todas as etapas, o diagnóstico fiscal se mostra eficaz para analisar as apurações tributárias de forma detalhada, buscando, em todos os âmbitos (federal, estadual e municipal), benefícios fiscais aplicáveis ao negócio.

Ademais, a metodologia e o pragmatismo empregados na realização do diagnóstico fiscal possibilitam ao profissional revisitar os processos internos da empresa e, de forma assertiva, resultam na identificação de soluções para minimizar a carga tributária, mitigar riscos e identificar oportunidades de recuperação de créditos tributários.

É fundamental que o profissional esteja atento aos resultados alcançados, haja vista que, apesar de os programas e *softwares* utilizados serem bastante confiáveis, nada suplanta o olhar técnico de um consultor especializado.

REFERÊNCIAS

BRASIL. *Ato Declaratório Executivo Cofis nº 1, de 03 de janeiro de 2022.* Dispõe sobre o Manual de Orientação do Leiaute 8 da Escrituração Contábil Fiscal (ECF). Disponível em: http://normas.receita.fazenda.gov.br/sijut2consulta/link.action?visao=anotado&idAto=122486. Acesso em: ago. 2022.

BRASIL. *Constituição da República Federativa do Brasil de 1988.* Disponível em: http://www.planalto.gov.br/ccivil_03/constituicao/constituicao.htm. Acesso em: ago. 2022.

BRASIL. *Decreto nº 3.000, de 26 de março de 1999.* Regulamenta a fiscalização, arrecadação e administração do Imposto sobre a Renda e Proventos de Qualquer Natureza. [Revogado pelo Decreto nº 9.580, de 2018]. Disponível em: http://www.planalto.gov.br/ccivil_03/decreto/d3000.htm. Acesso em: ago. 2022.

BRASIL. *Decreto nº 5.798, de 7 de junho de 2006.* Regulamenta os incentivos fiscais às atividades de pesquisa tecnológica e desenvolvimento de inovação tecnológica, de que tratam os arts. 17 a 26 da Lei nº 11.196, de 21 de novembro de 2005. Disponível em: http://www.planalto.gov.br/ccivil_03/_ato2004-2006/2006/decreto/d5798.htm. Acesso em: ago. 2022.

BRASIL. *Decreto nº 9.580, de 22 de novembro de 2018*. Regulamenta a tributação, a fiscalização, a arrecadação e a administração do Imposto sobre a Renda e Proventos de Qualquer Natureza. Disponível em: http://www.planalto.gov.br/ccivil_03/_Ato2015-2018/2018/Decreto/D9580.htm#art4. Acesso em: ago. 2022.

BRASIL. *Decreto-lei nº 1.598, de 26 de dezembro de 1977*. Altera a legislação do imposto de renda. Disponível em: http://www.planalto.gov.br/ccivil_03/decreto-lei/del1598.htm. Acesso em: ago. 2022.

BRASIL. *Instrução Normativa RFB nº 1.187, de 29 de agosto de 2011*. Disciplina os incentivos fiscais às atividades de pesquisa tecnológica e desenvolvimento de inovação tecnológica de que tratam os arts. 17 e 26 da Lei nº 11.196, de 21 de novembro de 2005. Disponível em: http://normas.receita.fazenda.gov.br/sijut2consulta/link.action?idAto=16160&visao=anotado. Acesso em: ago. 2022.

BRASIL. *Instrução Normativa RFB nº 1.252, de 01 de março de 2012*. Dispõe sobre a Escrituração Fiscal Digital da Contribuição para o PIS/Pasep, da Contribuição para o Financiamento da Seguridade Social (Cofins) e da Contribuição Previdenciária sobre a Receita (EFD-Contribuições). Disponível em: http://normas.receita.fazenda.gov.br/sijut2consulta/link.action?visao=anotado&idAto=37466. Acesso em: ago. 2022.

BRASIL. *Instrução Normativa RFB nº 1.700, de 14 de março de 2017*. Dispõe sobre a determinação e o pagamento do imposto sobre a renda e da contribuição social sobre o lucro líquido das pessoas jurídicas e disciplina o tratamento tributário da Contribuição para o PIS/Pasep e da Cofins no que se refere às alterações introduzidas pela Lei nº 12.973, de 13 de maio de 2014. Disponível em: http://normas.receita.fazenda.gov.br/sijut2consulta/link.action?idAto=81268. Acesso em: ago. 2022.

BRASIL. *Lei nº 5.172, de 25 de outubro de 1966*. Dispõe sobre o Sistema Tributário Nacional e institui normas gerais de direito tributário aplicáveis à União, Estados e Municípios [Código Tributário Nacional]. Disponível em: http://www.planalto.gov.br/ccivil_03/leis/l9065.htm. Acesso em: ago. 2022.

BRASIL. *Lei nº 6.321, de 14 de abril de 1976*. Dispõe sobre a dedução, do lucro tributável para fins de imposto sobre a renda das pessoas jurídicas, do dobro das despesas realizadas em programas de alimentação do trabalhador. Disponível em: http://www.planalto.gov.br/ccivil_03/leis/l6321.htm. Acesso em: ago. 2022.

BRASIL. *Lei nº 8.313, de 23 de dezembro de 1991.* Restabelece princípios da Lei n° 7.505, de 2 de julho de 1986, institui o Programa Nacional de Apoio à Cultura (Pronac) e dá outras providências. Disponível em: http://www.planalto.gov.br/ccivil_03/leis/l8313cons.htm. Acesso em: ago. 2022.

BRASIL. *Lei nº 9.065, de 20 de junho de 1995.* Dá nova redação a dispositivos da Lei nº 8.981, de 20 de janeiro de 1995, que altera a legislação tributária federal, e dá outras providências. Disponível em: http://www.planalto.gov.br/ccivil_03/leis/l9065.htm. Acesso em: ago. 2022.

BRASIL. *Lei nº 9.532, de 10 de dezembro de 1997.* Altera a legislação tributária e dá outras providências. Lei Federal de Incentivo à Cultura. Disponível em: http://www.planalto.gov.br/ccivil_03/leis/l9532.htm. Acesso em: ago. 2022.

BRASIL. *Lei nº 9.874, de 29 de janeiro de 1999.* Regula o processo administrativo no âmbito da Administração Pública Federal. Disponível em: http://www.planalto.gov.br/ccivil_03/leis/l9784.htm. Acesso em: ago. 2022.

BRASIL. *Lei nº 10.454, de 13 de maio de 2002.* Dispõe sobre remissão da Contribuição para o Desenvolvimento da Indústria Cinematográfica – CONDECINE, de que trata a Medida Provisória nº 2.228-1, de 6 de setembro de 2001, e dá outras providências. Disponível em: https://www.planalto.gov.br/ccivil_03/leis/2002/l10454.htm. Acesso em: ago. 2022.

BRASIL. *Lei nº 10.637, de 30 de dezembro de 2002.* Dispõe sobre a não cumulatividade na cobrança da contribuição para os Programas de Integração Social (PIS) e de Formação do Patrimônio do Servidor Público (Pasep), nos casos que especifica [...]. Disponível em: http://www.planalto.gov.br/ccivil_03/leis/2002/l10637.htm. Acesso em: ago. 2022.

BRASIL. *Lei nº 10.833, de 29 de dezembro de 2003.* Altera a legislação tributária e dá outras providências. Disponível em: http://www.planalto.gov.br/ccivil_03/leis/2003/l10.833.htm. Acesso em: ago. 2022.

BRASIL. *Lei nº 11.196, de 21 de novembro de 2005.* Institui o Regime Especial de Tributação para a Plataforma de Exportação de Serviços de Tecnologia da Informação – REPES [...]. Disponível em: http://www.planalto.gov.br/ccivil_03/_ato2004-2006/2005/lei/l11196.htm. Acesso em: ago. 2022.

BRASIL. *Lei nº 11.438, de 29 de dezembro de 1997*. Dispõe sobre incentivos e benefícios para fomentar as atividades de caráter desportivo e dá outras providências. Disponível em: http://www.planalto.gov.br/ccivil_03/_ato2004-2006/2006/lei/l11438.htm. Acesso em: ago. 2022.

BRASIL. *Lei nº 13.988, de 14 de abril de 2020*. Dispõe sobre a transação nas hipóteses que especifica; e altera as Leis n os 13.464, de 10 de julho de 2017, e 10.522, de 19 de julho de 2002. Disponível em: https://www.planalto.gov.br/ccivil_03/_ato2019-2022/2020/lei/l13988.htm. Acesso em: ago. 2022.

BRASIL. *Lei nº 14.375, de 21 de junho de 2022*. Altera as Leis nº 10.260, de 12 de julho de 2001, 10.522, de 19 de julho de 2002, e 12.087, de 11 de novembro de 2009, para estabelecer os requisitos e as condições para realização das transações resolutivas de litígio relativas à cobrança de créditos do Fundo de Financiamento Estudantil (Fies), [...]. Disponível em: https://www.in.gov.br/en/web/dou/-/lei-n-14.375-de-21-de-junho-de-2022-409353579. Acesso em: ago. 2022.

BRASIL. *Lei Complementar nº 87, de 13 de setembro de 1996*. Dispõe sobre o imposto dos Estados e do Distrito Federal sobre operações relativas à circulação de mercadorias e sobre prestações de serviços de transporte interestadual e intermunicipal e de comunicação, e dá outras providências (Lei Kandir). Disponível em: http://www.planalto.gov.br/ccivil_03/leis/lcp/lcp87.htm. Acesso em: ago. 2022.

BRASIL. *Lei Complementar nº 116, de 31 de julho de 2003*. Dispõe sobre o Imposto Sobre Serviços de Qualquer Natureza, de competência dos Municípios e do Distrito Federal, e dá outras providências. Disponível em: http://www.planalto.gov.br/ccivil_03/leis/lcp/lcp116.htm. Acesso em: ago. 2022.

BRASIL. *Medida Provisória nº 2.228-1, de 6 de setembro de 2001*. Estabelece princípios gerais da Política Nacional do Cinema, cria o Conselho Superior do Cinema e a Agência Nacional do Cinema - Ancine [...]. Disponível em: http://www.planalto.gov.br/ccivil_03/mpv/2228-1.htm. Acesso em: ago. 2022.

BRASIL. Ministério da Economia. Procuradoria-Geral da Fazenda Nacional (PGFN). *Agendamento de Audiência com o Procurador*. Disponível em: www.gov.br/pgfn/pt-br/servicos/formularios/formulario_advogados.pdf. Acesso em: ago. 2022.

BRASIL. Ministério da Economia. Procuradoria da Fazenda Nacional (PGFN). *Parcelamentos.* Disponível em: https://www.gov.br/pgfn/pt-br/servicos/orientacoes-contribuintes/parcelamentos-1/parcelamentos-1. Acesso em: ago. 2022.

BRASIL. Ministério da Economia. Procuradoria-Geral da Fazenda Nacional (PGFN). *Regularize.* Disponível em: https://www.regularize.pgfn.gov.br/. Acesso em: ago. 2022.

BRASIL. Ministério da Economia. Receita Federal. *Pagamentos, Parcelamentos e Taxas de Juros.* Disponível em: https://www.gov.br/receitafederal/pt-br/assuntos/orientacao-tributaria/pagamentos-e-parcelamentos. Acesso em: ago. 2022.

BRASIL. Ministério da Economia. Receita Federal. SPED – Sistema Público de Escrituração Digital. *Guia Prático EFD ICMS IPI – v. 3.0.9.* 29.03.2022. Disponível em: http://sped.rfb.gov.br/arquivo/show/6006. Acesso em: nov. 2022.

BRASIL. Ministério da Economia. Receita Federal. SPED – Sistema Público de Escrituração Digital. *Manual de Orientação do Leiaute 8 da ECF* – ano-calendário 2021 e situações especiais do ano-calendário 2022. Anexo ao ADE Cofis nº 001/2022. Disponível em: http://sped.rfb.gov.br/arquivo/show/5972. Acesso em: nov. 2022.

BRASIL. Ministério da Economia. Receita Federal. SPED – Sistema Público de Escrituração Digital. *Manual de Orientação do Leiaute 9 da ECD* – a partir do ano-calendário 2021 e situações especiais do ano-calendário 2022. Anexo ao ADE Cofis nº 104/2021. Disponível em: http://sped.rfb.gov.br/arquivo/show/5966. Acesso em: nov. 2020.

BRASIL. Ministério da Economia. Receita Federal. SPED – Sistema Público de Escrituração Digital. *Nova versão do Guia Prático da EFD Contribuições.* Versão 1.35. Publicado em 24.06.2021. Disponível em: http://sped.rfb.gov.br/pagina/show/5839. Acesso em: nov. 2022.

TAXCEL. *Página inicial.* Disponível em: https://taxcel.com.br/. Acesso em: ago. 2022.